그래도 난 멋진

결혼을
꿈꾼다

그래도 난 멋진 결혼을 꿈꾼다

초판 1쇄 찍은 날 · 2007년 8월 5일 | 초판 1쇄 펴낸 날 · 2007년 8월 10일

지은이 · 주요셉 | 펴낸이 · 김승태

편집 · 이덕희, 최선혜, 방현주 | 디자인 · 정혜정, 이은희, 이훈혜,
영업 · 변미영, 장완철, 김성환 | 물류 · 조용환, 엄인휘

등록번호 · 제2-1349호(1992. 3. 31.) | 펴낸 곳 · 예영커뮤니케이션
주소 · (110-616) 서울 광화문우체국 사서함 1661호 | 홈페이지 www.jeyoung.com
출판사업부 · T. (02)766-8931 F. (02)766-8934 e-mail: jeyoungedit@chol.com
출판유통사업부 · T. (02)766-7912 F. (02)766-8934 e-mail: jeyoung@chol.com
제작 예영 B&P · T. (02)2249-2506~7 F · (02)2249-2580 e-mail:yeyoungbnp@hanmail.net
인쇄 삼덕정판 · T. (02)465-4598

ISBN 978-89-8350-440-1 (03230)

값 9,000원

그래도 난 멋진

결혼을
꿈꾼다

주요셉 지음

그래도 난 멋진 결혼을 꿈꾼다

오늘날은 결혼의 가치가 그 어느 때보다 폄하되고 있는 시대이다. 많은 사람들이 여러 가지 이유에서 결혼의 필요성을 덜 느끼고, 또 굳이 결혼하지 않아도 좋지 않냐는 막연한 생각에 사로잡혀 있음을 보게 된다. 그러한 추세의 원인이 분명히 있지만, 대부분은 그러한 사실조차 모른 채 부화뇌동하는 경향을 보인다. 심지어 크리스천들조차 말이다.

필자의 두 번째 결혼 관련 저서 『그래도 난 멋진 결혼을 꿈꾼다』는 이러한 세상 흐름 속에서 우왕좌왕하고 표류하는 크리스천들을 위해 올바른 성경적 결혼관을 정립하도록 이끌어 주고, 바람직한 배우자 선택을 통해 행복한 결혼으로 인도받도록 길잡이 역할을 해 주는 지침서와도 같은 책이다. 이제껏 수년간 미혼 청년들을 대상으로 한 결혼 세미나를 인도해 오면서 느꼈던 안타까움들, 그리고 결혼 상담을 통해 맞닥뜨렸던 수많은 난제들에 대해 안타까운 마음과 긍휼의 심정으로 쓴 권면의 글이기도 하다. 미혼 청년들의 심정을 그 누구보다도 잘 이해하도록 미리 만혼(晚婚)의 아픔을 겪도록 섭리하신 주님의 뜻이 없었다면 이 책이 세상에 나오지도 않았을 것이다.

그 동안 결혼 사역을 해 오면서 느끼는 고통은 이루 말할 수가 없었으며, 지금도 진행형의 아픔이 예리한 날 끝으로 심장을 압박해 오는 듯하다. 때로는 필자를 고독함에 빠뜨리고, 때로는 난감함에 떨어뜨리고, 때로는 서글프고 답답한 심정에 휩싸이도록 만들며, 또 때로는 안타깝고 회의스러운 심정과 무기력증으로 곤두박질치게끔 만든 적이 한두 번이 아니다. 그럼에도 불구하고 오늘까지 이렇게, 그리고 또 앞으로 변함없이 이 사역을 해 왔고 할 수밖에 없는 것은 주님께서 부족한 필자에게 이 일을 맡겨 주셨다는 분명하고 또렷한 음성이 있었기 때문이다. 그러한 소명감 때문에 필자는 오늘도 척박하고 오염되고 일탈된 결혼 문화 풍토 속에서 묵묵히 이 사역을 기쁨으로 감당하고 있는지도 모른다.

지금 한국 사회는 결혼 가치관의 급변과 가정 해체의 소용돌이 속으로 걷잡을 수 없이 휘말려 들어가고 있다. 교회조차 그러한 흐름을 예방하거나 제어할 능력을 잃은 채 세상 흐름에 휘둘리고 있는 실정이다. 그러한 영향 탓에 미혼 청년들은 물론 기혼 부부들조차 결혼과 가정의 존엄성과 소중한 가치를 잃고 안타깝게 흔들리고 있다. 그렇다면 이러한 일을 언제까지 방치해야 할까. 지금까지의 안이한 대처 방식을 버리고 이제부터는 한국 교회가 이 결혼 사역의 소중함을 깨닫고 결혼과 가정의 존엄성을 지키고 회복하는 데 앞장섰으면 한다.

아무튼 오늘날 미혼 청년들에게 당면한 가장 고통스런 문제는 결혼이다. 결혼을 하지 않으려 해도 힘들고, 막상 결혼하려고 해도 막막하고 고통스럽다. 본인이 뜻한 대로 풀리지 않는 결혼 문제 앞에서 좌절하며 끙끙대는 미혼 청년들이 너무나 즐비하다. 세상에서도 그렇고 교회 내에서도 그렇다. 그렇지만 정작 그들을 좌절시키는 건 그토록 어려움을 겪고 아픔을 호소하는 그들에게 적합한 도움의 손길이 펼쳐지지 않고 있는 현실이다. 세상은 오늘도 욕망을 자극하며 화려하고 어지럽게 돌아가고 있는데, 교회에선 이렇다 할 도움을 못 받으니 쓰러지기 일보 직전의 기진맥진한 미혼 청년들이 넘쳐 난다. 아무리 진지하고 심각하게 결혼 문제로 고뇌해도 탈출구가 안 보이니 미혼 청년들은 좌절할 수밖에 없는 실정이다. 결혼하고 싶어도 가족적, 개인적, 영적, 환경적 결혼 장애 요소들로 인해 허우적대는 저들을 언제까지 방치하고 외면해야 한단 말인가. 이는 단지 그들만의 문제가 아니라 교회 시스템상의 문제와 맞물려 있기에 한국 교회의 인식 전환이 그 어느 때보다 시급하다고 하지 않을 수 없다.

이 책은 오늘날 결혼에 어려움을 겪는 미혼 청년들에게 때로는 감미롭게, 때로는 속삭이듯, 때로는 엄하게 꾸짖듯 이야기하는 다정다감하고 유익한 내용을 담고 있다. 1부 결혼의 꿈과 환상, 2부 결혼 딜레마, 3부 결혼의 장애물, 4부 결혼의 찬스, 5부 '그래도 난 멋진 결혼을 꿈꾼다' 라는 타이틀에서 보듯이 각 부는 미혼 청년들이 지금 현재 당면한 절박한 문제들을 마치 본인의 이야기인 양 생각하도록 상상력을 자극하는 칼럼들로 구성되어 있다. 총 40편의 칼럼 한 편 한 편이 아름답고 감동적인 이야기들이며, 한 번 책장을 펼치면 누구라도 쉽게 손을 뗄 수 없게끔 만드는 가슴 벅찬 내용들이기에 일독을 권한다.

이 책이 나오기까지 언제나 곁에서 보호해 주시고 힘 주신 하나님께 감사와 영광을 돌린다. 아울러 어려운 환경 가운데서 부족한 남편을 이해하고 사랑해 준 아내 박필임, 힘들 때마다 삶의 의지와 버틸 힘을 공급해 준 두 아들 노아와 에녹에게도 각별한 감사의 마음을 전한다. 끝으로, 힘든 출판 환경 속에서도 이 책이 세상에 나오도록 기회를 주시고 수고를 아끼지 않으신 예영커뮤니케이션 김승태 사장님과 편집부원들께 이 자리를 빌어 깊은 사의를 표한다.

3부 결혼의 장애물

1부

결혼의 꿈과 환상

왜 결혼해야 하나요?

유대인의 격언 중 결혼에 관련된 몇 가지를 살펴보면, '인생에서 늦어도 괜찮은 것은 두 가지가 있다. 그것은 결혼과 죽음이다.', '미인은 바라보는 것이지 결혼 상대는 아니다.', '남자는 먼저 집을 짓고 들에 포도를 심어 포도원을 만들고 그런 다음에 여자를 맞이하라. 이 순서를 어겨서는 안 된다.', '아내는 남편을 상대로 신혼 때에는 창부처럼, 다음엔 비서처럼, 그 다음엔 간호원처럼 처신하여야 한다.' 등이 있다.

단순히 이것을 옳고 그름의 문제로 본다면 논쟁거리가 될지도 모르겠지만, 이것을 타산지석으로 삼을 만한 교훈 정도로 여긴다면 괜찮을 것 같다. 결혼의 때는 꼭 나이와 동일시될 수 없으며 결혼할 배우자를 고를 때 외모만을 앞세워서는 안 된다. 그래서 남자와 여자의 지혜로운 처신과 도리에 충실하라는 교훈은 오늘날에도 유효한 지혜가 아닌가 싶다.

만혼(晩婚)과 불혼(不婚)이 만연한 오늘날 세태에서 결혼에 대해 진지하게 고민하고 정공법으로 접근하는 것은 대단한 용기와 불화살을 감내해야 하는 어려운 일일지도 모른다. 세상에서는 그런 힘들고 구속받을 결혼을 왜 하냐는 말들이 메아리치고 있고, 교회 내에서조차 하나님 일에 충성하면 되지 왜 결혼하여 시간을 낭비하느냐는 식의 극단적 경건주의와 냉소주의가 우리를 압박하고 있다.

그럼에도 불구하고 모두들 결혼을 안 하는 것도, 쉽게 결혼하는 것도 아니기에 가치관이 혼란스럽기는 매한가지다. 어느 쪽이 옳다 그르다의 문제가 아니라 결혼에 대해 어떠한 태도를 취하고 어떻게 접근하느냐가 보다 중요할 텐데, 정작 이 문제에 대해서는 침묵으로 일관하거나 방관주의, 또는 극단적 냉소주의나 우월주의가 우리들의 의식을 지배하는 것을 종종 볼 수 있다. 만일 결혼 문제를 그렇게 무책임과 극단적 편견, 또는 부정적 태도로만 접근한다면 우리들의 미래는 어두울 수밖에 없다.

하나님께서는 우리들에게 결혼을 통한 가정과 성도들의 공동체인 교회를 선물로 주셨다. 그런데 오늘날 한국 교회 안에서는 교회만을 위한 교회, 가정과 분리된 교회를 이상적인 교회의 모델로 인식하는 그릇된 풍조가 엿보인다. 교회 자체가 목적이 되고 주님은 뒷전이거나, 교회를 위해 무조건 가정의 희생을 강요하는 교회는 건강한 교회라고 볼 수 없을 것이다. 교회는 주님을 위해 존재하고, 가정은 교회를 위해 존재하며, 인간은 가정을 위해 존재한다는 기본 삶의 철칙이 무너진다면 정작 영광 받아야 할 주님은 우리들의 어리석은 행동으로 슬퍼하실지도 모른다.

오늘날 많은 미혼 청년들이 결혼을 뒷전으로 미루고(보다 엄밀히 말하면 결혼에 대한 해답을 찾지 못하고) 교회 안에서 안주하고 있음을 보게 된다. 세상에서 찢기고 상처받은 심령을 위로받기 위함을 나무랄 수는 없겠지만, 결혼 문제를 하나님의 뜻대로 풀지 못한 스스로의 과실로 인한 상처받음과 무시와 멸시를 무조건 세상으로부터의 핍박으로 돌려놓는다면 그들에게 영영 결혼에 대한 응답이 오지 않을지도 모른다. 이 글이 너무 단정적인 듯싶어 염려스럽지만 오늘날 한국 교회 미혼 청년들의 실상을 접하고 있는 필자는 심각히 문제 제기를 하지 않을 수 없다.

어떤 믿음 좋은 미혼 청년들이 "왜 결혼해야 하나요?" 하고 반문하는 것을 본다. 이는 주님에 대한 아무런 헌신 없이 결혼을 남들 따라 덩달아 하는 이들보다는 낫겠지만 그렇다고 그들의 믿음이 옳다고 볼 수는 없다.

어느 기독교 역사학자가 중세(中世)의 고립주의와 극단적 경건주의를 중세 역사 발전의 걸림돌이라고까지 지적하는 것을 굳이 인용치 않더라도 극단주의는 바람직하지 않다. 소금이 창고에만 썩혀 있으면 소용없듯 우리 그리스도인들은 세상에서 빛이 되고 소금이 되어야 하며, 하나님의 창조 명령대로 지상에서 생육하고 번성해야 할 의무에 충실해야만 한다.

사도 바울의 독신주의는 그 시대 절박한 상황에서 몇몇 사람들에게만 적용되었을 뿐 모두에게 적용되어야 할 주님의 명령이 아닌 개인적 권면에 불과했던 것이다. 임박한 환난과 주님을 위하여 결혼하지 말라고 권면하면서도, 결혼하는 것에 대해 죄라고 말하지 않고 오히려 정욕을 이기지 못할 때나 결혼시켜야 할 피치 못할 상황에서는 결혼을 시키라고 권면했던 것이다. 그런데 오늘날(그 시대와 같은 종말의 징조가 도처에서 횡행하는), 말세를 대비하여 독신으로 주님을 위해 헌신하겠노라 결단하는 젊은이들이 과연 얼마나 될까? 아니 그렇게 독신으로 헌신해야만 주님께 영광을 돌릴 수 있을까? 어쩌면 이는 잘못된 편견과 영적 우월감에서 비롯된 그릇된 경건주의의 그림자가 아닐까? 우리는 보다 냉정히 주님의 말씀을 살펴보아야 하고, 주님의 음성에 귀를 기울여야 한다.

고린도전서 7장 7절에 나와 있듯이 결혼과 독신 모두 주님께서 주신 은사라는 것이다. 만일 어떤 청년이 은사를 받지 않았음에도 자신이 마치 독신의 은사를 받은 것처럼 행동한다면 그는 하나님 앞에 잘못을 범하는 것이 아니고 무엇이겠는가? 그와 반대로 독신의 은사를 받았을 경우엔 마땅히 주님을 위해 기쁨으로 헌신하며 주님께 영광 돌려야 하리라 본다. 또 한편 결혼의 은사를 받았다면 결혼에 대해 보다 면밀하고도 체계적으로 준비해야 하며 그 은사를 잘 활용하도록 애쓰고 노력해야 하지 않을까?

그러나 오늘날 우리 주변을 돌아보면 이에 대해 전혀 준비가 안 되어 있고 잘못된 정보로 인해 오염되거나 왜곡된 모습과 극단적 단절을 엿보게 된다. 결혼을 전혀 준비하지 않는 미혼 청년들이 교회 내에 넘쳐나도 그들이 마치 일평생 독신의 은사를 받은 사도 바울과 같은 사명자들인 것처럼 오해하며 그들을 무조건 은혜의 도가니 속에 가둬 놓고 그곳에서 한 발짝도 벗어나지 못하도록 강요하는 형국이라면 지나친 확대 해석일까.

필자는 오늘날 한국 교회가 동맥경화증 환자처럼 심각한 결혼 미숙
아와 결혼 실패자들로 넘쳐나고 있다고 감히 진단하고 싶다. 그만큼 우
리 주변엔 결혼에 대해 사전 준비가 전혀 없이 무작정 나이를 먹어가는
미혼 청년들이 늘어가고 그들로 인해 가정마다 심각한 고민에 빠져 있
고, 교회 청년부에서조차 그들을 감당하지 못해 나이를 핑계로 무책임
하게 미안하단 말 한 마디 안 하고 내쫓는 과오를 뻔뻔스레 범하고 있
다는 말이다. 이러한 비극적 현실에 눈을 감고 오직 헌신! 헌신! 경건!
경건! 외치는 사역자는 주님의 일에 게으른 종이 아닐까? 이제껏 공들
여 기르고 양육한 30~40대 미혼 청년들을 교회 성장의 동력원으로 삼
지 못하고 결혼 문제 때문에 잃어버린다면 그보다 더한 손실이 어디 있
겠는가? 필자는 애통의 심정으로 그러한 청년들을 긍휼의 눈길로 바라
보아야 하며 저들의 심각한 현실의 결혼 문제를 개교회에서 신속히 도
와달라고 간곡히 호소하고 싶다.

　앞으로 이 책을 통하여 오늘날 한국 교회에서 소홀히 취급되고 있는
미혼 청년들의 결혼 문제의 원인과 실상을 영적인 시각과 현실적 안목
으로 냉철히 진단하고, 그 대안을 구체적으로 모색하여 주님의 몸 된
교회가 더욱 건강하게 성장하고 한국 교회가 새롭게 부흥하는 데 일조
하고자 한다.

2

결 혼 을 서 두 를 필 요 가 있 나 요 ?

첨단 과학 기술을 기반으로 한 현대 정보화 사회는 인간들에게 온갖 편리함을 제공한다. 오늘날 인간은 과거 농경 사회나 산업 사회의 그들보다 훨씬 광범위한 영역에서 기계 문명의 혜택을 향유하며, 첨단 컴퓨터와 인터넷으로 인한 지상 낙원에 점차 길들여져 가고 있다. 이는 우리들의 삶과 의식에 직간접적 영향을 미치는 포스트모더니즘과 뉴에이지 문화의 확산도 그 한 예라고 볼 수 있다. 인간의 힘으로 유토피아가 건설 가능하며 인간 스스로 신이 될 수 있다는 믿음은 곧 전통적 신념 체계와 가치 체계, 전통 신앙과 전통 윤리까지 부정하는 상대주의의 맹신(盲信) 단계로까지 진화한다. 그로 인해 오늘날 현대인의 의식은 절대 가치를 부정하게 되고, 절대 윤리를 비웃거나 파괴하고 절대 믿음을 가볍게 냉소하는 경향이 두드러진다. 이러한 경향을 일일이 들추는 것은 이 글의 성격에 걸맞지 않기 때문에 결혼 문제에 국한시켜 살펴보려고 한다.

오늘날 많은 미혼 청년들이 결혼에 대해서 큰 비중을 두지 않고 있다. 보다 엄밀히 말한다면 결혼을 무작정 미루고 있다는 표현이 옳을 것 같다. 이는 비단 어제 오늘의 일만도 아니다. 우리나라에만 국한되지 않은 전 세계적 현상이며 교회 내에서뿐만 아니라 교회 밖에서도 동일한 경향임을 부인할 수도 없다. 그럼에도 불구하고 필자는 오늘날 한국 교회 내의 신실한 크리스천들조차 결혼 문제에 대해서 침묵하거나 외면, 무관심으로 일관하고 있음을 안타깝게 생각한다.

결혼에 대해 심각하게 인식하지 않는 크리스천 미혼 청년들을 크게 두 부류로 나누면 하나는 세상적 가치관을 공유한 채 불신자들과 동일한 결혼관을 갖고 있는 부류이고, 다른 하나는 성(聖)과 속(俗)을 구별 짓고 오직 거룩하고 헌신된 삶을 추구하는 경건파(派)들이다.

전자는 교회 내에서 믿음 좋다는 이들의 공격을 받거나 큰 영향력을 갖지 못하고 아웃사이더로 맴돌기에 별다른 영향력을 끼치지 못하지만 후자의 경우엔 자신뿐만 아니라 주변의 동료, 그리고 후배와 영적 제자들에게까지 큰 영향력을 끼치기에 그들의 고착된 가치관과 편견은 대단히 심각한 결과를 초래한다.

필자는 언젠가 대단히 믿음 좋다는 모 단체의 집회가 열리는 장소의 입구에 가서 결혼 세미나에 대한 홍보물을 나누어 주다 봉변을 당한 적이 있었다. 그 동안 기독교 언론사를 통한 홍보에만 주력하다가 처음으로 홍보물을 갖고 일꾼들과 직접 집회 장소에 가서 홍보를 하던 중에 벌어진 일이었다. 이제껏 그런 방식을 시행하지 않다가 홍보 부족을 느껴 처음으로 시도했었기에 미리 주최 측에 양해를 얻어야 한다는 상식까지도 몰랐던 상태였다. 그런 상식을 알았다고 해도 결혼 세미나의 성격과 내용상 전혀 신앙적으로 문제 될 것도 아니고, 또 이제껏 결혼 문제로 인해 고민하는 미혼 청년들을 긍휼의 시각으로 바라보았던 사역자이기에 별 문제가 있으랴 싶었던 것이었다. 그런데 집회 전 집회 장소 입구에서 홍보물을 나누어 주는 일행을 제지하며(집회 장소를 빌려쓰는 자신들의 입장이 난처해질 수도 있다는 이유로) 이런 식으로 하면 안 된다는 것이었다.

그래서 그러면 학교 정문 밖에서 나누어 주면 안 되냐니까 그것도 안 된다는 것이었다. 그러면 집회가 끝나고서 나누어 주어도 안 되냐니까 그것도 안 된다는 것이었다. 명함을 건네 주며 목사의 신분까지 밝히고 양해를 구했음에도 그렇게 막무가내로 나와 너무나 어이가 없어서, 그러면 그게 불법이냐고 되물으니까 화를 벌컥 내며 불법이 아니고 여기서 나누어 주는 것도 불법이 아니니 맘대로 하라고 하며 들어가는 것이었다. 굳이 그렇게 언쟁을 하고 싶지도 않았고 또 시비를 걸 의도도 아니었기에 집회 장소 건물 밖으로 나와 학교 정문 밖으로까지 철수해 그곳에서 다시 홍보물을 나누어 주었다. 그런데 얼마 있다가 다른 청년이 나오더니 대뜸 떠나라고 하면서 내쫓는 것이 아닌가? 아까 집회의 책임자라고 한 청년이 시켜서 보낸 다른 청년이 다짜고짜 떠나라고 하니 목사의 자존심이 무척 상했다.

마치 잡상인 취급당하는 기분도 기분이려니와, 웃어른에 대한 예의도 없고 그곳을 자신들이 전세 낸 듯한 특권적 사고와 자신들의 경건한 예배를 훼방하는 훼방꾼 정도로 치부하는 그 청년의 태도가 너무나 괘씸해 "여기가 학교지, 교회야?"고 쏘아붙였다. 그랬더니 그 청년은 왜 처음 보는 자신한테 반말하냐고 그때부터 내 말꼬리를 잡고 대드는 것이 아닌가? 겨우 이십대 후반이 됐을까 말까 한 청년이 막무가내로 나오자 그만 목사인 필자가 화를 터뜨리며 욕까지 내뱉고 말았다. 멱살잡이까지 하려는 그 청년을 동료들이 뜯어 말려 들어갔지만, 내 가슴은 진정되지 않았다.

예수님도 모욕당하시고 무례를 당하셨지만, 정말 참기 어려운 일이었다. 저들이 만일 불신 청년들이었거나, 아주 철모르는 청소년들이었다면 그래도 나았을 것이다. 그래도 주님의 일을 한다는 단체의 그들에 대해 좋은 감정을 갖고 있었던 터라 실망이 더욱 컸는지도 모른다. 그러면서도 다른 한편 오해받고 불신받는 결혼 사역의 현주소를 확인해 착잡하기 이를 데 없었다.

필자는 오늘날 교회 내에서든 초교파적으로든 주님의 일을 한다는 미혼 청년들을 바라볼 때 대견함과 안쓰러움을 동시에 느낀다. 주님께 헌신하고 충성하는 그들의 열정에는 대견함을 넘어 존경심마저 느끼지만 헌신과 충성에도 불구하고 결혼을 아예 생각지 않거나, 결혼 문제를 마치 자신들과 별개의 것인 양 구별 짓고 결혼은 마치 믿음 없는 이들이나 신경 쓰는 저속한 일이라는 식으로 깔보고 무시하는 오만한 태도는 연민을 넘어 분노마저 느끼게 한다. 이것은 바로 극단적 경건주의의 폐해이다. 경건함을 추구하는 건 바람직하지만, 자신들만이 경건하다는 사고는 위험하다. 남들이 어떻게 주님의 일을 하는가에는 관심도 없이 자신들만 하나님의 일을 최고로 잘하고 있다는 착각도 우월감에서 비롯된 대단히 불행한 일이다.

교회 청년부와 선교 단체에서 미혼 청년들의 결혼 문제를 무조건 앞세울 수 없는 현실도 모르는 바 아니지만, 그렇다고 무조건 배제하거나 올바르게 준비시켜 주지 않는 것도 잘못이다. 아직 그러한 프로그램이 미비한 한국 교회의 구조적 시스템이 문제이지, 그것을 교회 내에서나 선교 단체에서 공론화한 것은 아니라고 본다.

결론적으로 말해서 결혼을 미리미리 준비시키지 않으면 나중에 급하게 서두르게 된다는 것이다. 주님께 마치 독신의 은사를 받은 것처럼 헌신하던 많은 신실한 미혼 크리스천 청년들이 나이에 떠밀려 결혼 문제에서 주님의 방법보다 세상의 방법을 선택하고 그릇된 선택의 결과 비극적 결혼과 파국을 맞이한다면 그 책임을 누가 져야 할까? '호미로 막을 것을 가래로 막는다'는 속담처럼 지금과 같이 미혼 청년들의 결혼 문제에 대해 수수방관했다간 훗날 더 큰 대가를 치르지나 않을까 심히 우려스럽다.

결혼 이후의 문제 가정을 치유하기 위한 많은 가정 사역 기관도 필요하지만, 그보다 더 중요한 것은 결혼 전에 미혼 청년들을 잘 준비시켜 문제 가정을 예방하고 주님께 헌신하는 믿음의 가정과 선교하는 가정을 세워 주는 '예방(豫防) 사역'이라고 본다. 우리 주변을 돌아보아 왜 그렇게 결혼에 신경을 쓰냐고 핀잔을 주는 청년들과 결혼은 나중에 얼마든지 할 수 있는데 왜 그렇게 서두르냐고 느긋해 하는 청년들에게 따끔하게 충고해 주기 바란다. 만일 결혼을 지금부터 미리 준비하지 않으면 나중에 서두르게 되고, 그로 인해 실수할 위험성이 그만큼 높아진다. 그 결과 주님께 헌신은커녕 주님을 원망하거나 주님 곁을 떠나게 될 비극을 맞이할지도 모른다고 경고하기 바란다.

행복한 결혼은 결코 준비하지 않은 자가 받는 선물이 아니라, 오래 전부터 기도하며 준비한 자들이 받는 분복이다. 결혼 문제를 아직도 교회 성장의 걸림돌이나 자신들이 하고 있는 사역의 훼방꾼 정도로 인식하는 사역자나 헌신자들이 있다면, 스스로를 겸손히 돌아보기 바란다. 왜 스스로 그렇게 결혼 문제를 백안시하게 되었는지 주님 앞에 무릎 꿇고 냉철히 되짚어 보기 바란다. 어쩌면 그 원인이 결혼 전에 치유 받아야 할 내면의 상처나 장애 요소 때문이라면 시급히 고침 받아야 하지 않을까?

3

결혼하고 싶어요!

봄은 많은 미혼 청년들에게 고민스런 계절이다. 겨우내 숨죽였던 대지가 꿈틀거리고 메마른 가지에도 새순이 돋아나는 순간, 미혼 청년들 가슴속에서 뭔가 알 수 없는 뜨거운 것이 용솟음치기 시작한다. 눈부시도록 황홀한 봄 햇살과 겨드랑이를 간지럽히듯 살랑거리는 봄바람, 움츠렸던 청년들의 가슴과 영혼에 불을 지핀다. 누군가를 무작정 그리워하며 채워지지 않는 내 존재의 가벼움과 불안감을 떨치기 위해 그 누군가를 갈망하기 시작한다.

T. S. 엘리어트가 노래한 「황무지」에서처럼 그들에게 4월은 죽은 땅에서 라일락을 키워내고 추억과 욕정을 뒤섞고 잠든 뿌리를 봄비로 깨우기에 가장 잔인한 달인 것이다. 만물이 약동하는 봄을 어쩔 수 없이 타의(他意)로 거부해야 하는 심정, 용솟음치는 생명력과 재생(再生)을 금욕(禁慾)으로 견뎌내야 하는 그 괴로움을 고독의 중심에 서 본 사람이

라면 이해할 수 있을 것이다.

화사한 꽃망울이 눈앞을 어지럽히는 4월 이맘때면 짝 없는 미혼 청년들은 사방의 무수한 시선으로부터 고립된다. 소란스럽고 화려한 결혼식은 그들에게 고통스런 실존의 무대며, 부러움과 선망의 종착역이다. 행복한 커플의 앞날을 축복하는 축가와 박수와 함성 소리가 요란하지만 그들의 얼굴은 굳어 있고 가슴속은 여전히 휑하다. 열심히 박수를 쳐 주고 뒤돌아서면 황량한 외로움이 몰려들어 눈부신 햇살조차 버겁다. 어느 한 곳 도피할 수 없는 현실의 안식처를 찾아 헤매지만 아직도 화려한 싱글의 배고픔은 해소되지 않는다. 그들에겐 여전히 가야 할 길이 멀다. 아직도 자신이 주인공이 아니라 엑스트라에 불과하기 때문이다.

현실과 이상, 실제와 상상, 머리와 마음의 괴리. 결혼을 갈망함이 클수록 현실이 절망스러워지고 갈등이 깊어지는 아이러니. 그들은 스스로의 힘으로 벗어날 수 없는 덫에 걸린 가녀린 사슴마냥 버둥거린다. 사력을 다해 애써 보고 금식하면서까지 매달려 보지만 결혼의 길은 멀고도 멀다. 도대체 무엇이 문제인가? 하나님에게인가, 아니면 나 자신이란 말인가?

결혼을 애타게 갈망하지만 결혼 문제가 풀리지 않을 때 미혼 청년들은 한순간 혼란에 빠진다. 어디서부터 어디까지 문제인지, 또 어디서부터 손을 대야 할지, 구체적으로 어떻게 변화되어야 하는지, 또 어떠한 사람의 도움을 받아야 하는지 알지 못해 당황하며 혼자서 끙끙된다. 교회를 가도 문제를 풀 수 없고, 집에서도, 직장에서도 따가운 눈총을 받으니 견딜 수가 없다. 어디론가로 훌쩍 잠적하고 싶어지는 잔인한 계절, 4월이여! 그래서 결국 미혼 청년들은 결혼을 갈망하면서도 한없이 미워하게 되는지도 모른다.

그렇다면 이 어려운 난제를 어떻게 풀어야 할까? 도대체 길은 있는 것일까? 나는 왜 아직껏 하나님께서 내게 예비하신 짝을 만나지 못한 것일까? 내가 혹시 독신의 은사를 받은 것은 아닐까? 이대로 이렇게 올해도 또 끝나버리는 것은 아닐까? 한번 실컷 울어버리고 끝낼 문제라면 좋으련만, 거머리처럼 달라붙는 이 갈등과 번민과 괴로움을 어찌해야 한단 말인가?

사랑하는 미혼 청년들이여! 그대들은 새롭게 힘을 내야 한다. 용기도 잃지 말아야 한다. 결혼의 꿈을 포기해서도 안 된다. 그리고 이제껏 결혼 기도를 해 왔다면 계속하고, 아직 안 했다면 이제부터라도 진지하게 시작해야 한다. 그래야만 아름답고 행복한 결혼이 여러분의 차지가 될 것이다. 결혼을 간절히 소망하면서도 단지 결혼식만을 준비하거나 아무런 영적, 정신적 준비를 하지 않는 자에겐 결혼이 오히려 불행의 서막이 되고 일평생 후회거리가 될 수도 있음을 유념해야 한다. 아무리 급하고 견디기 힘들다고 아무하고나 덜컥 결혼해서야 되겠는가?

앞으로 그대들은 나와 함께 행복한 결혼을 준비하는 긴 여정의 동반자가 되지 않겠는가? 필자는 여러분을 이 호젓하고 풍요로운 성찬(盛饌)의 테이블로 초대하고 싶다. 누구든 티켓 없이도 와서 영적인 허기를 채우고 목마른 가슴을 해갈하고 결혼의 고민거리를 풀 수 있는 이곳. 여러분은 이곳에서 메인테이블의 주인공 자격으로, 행복한 결혼을 테마로 오랜 사유와 정갈한 언어의 향연과 숙성된 영성으로 빚은 신령한 고품격 음료를 마음껏 음미할 수 있다. 이제껏 맛보지 못한 다채롭고 고급스런 소스와 재료들로 준비한 정성스런 별미음식을 마음껏 들을 수 있다. 그러다 불현듯 여러분 스스로 풀리지 않았던 결혼 문제를 푸는 열쇠를 발견할 것이며, 하나님께서 원하시고 바라시던 '성경적 만남과 결혼의 원리'를 깨달을 수 있을 것이다. 그리고 어느 결에 결혼 무대의 그 화려한 조명 불빛 아래 서 있는 자신을 발견하고 감격하게 될 것이다. 기대하라, 다음 번 만남의 시간을! 기도하라, 결혼하고 싶어 하는 그대의 그토록 간절한 열망과 소원을 위해!

4

내 짝은 어디에?

오늘도 어김없이 도시인들은 잠에서 깨어 허둥지둥 일터로 또는 무작정 거리로 나섰을 것이다. 분주하게 오가는 인파에 떠밀려 하루를 시작하면서, 미혼자들은 자신이 어쩐지 낯설어 길가 쇼윈도의 유리창이나 상점의 거울을 흘끔거리며 자신에 대해 세밀히 관찰할지도 모른다. 왜 아직껏 싱글일 수밖에 없는가에 대한 원초적 물음 이외에, 나의 결혼 장애물이 무엇인가에 대한 상념으로 우울해 하기도 할 것이다.

언론 지상에 보도되는 결혼 관련 뉴스를 볼 때면 화가 치밀기도, 어이없기도, 또는 부끄럽기도 한 심정을 누구나 한 번쯤은 경험해 봤을 것이다. 얼굴이 예쁜 여자만을 골라 소개를 백 번 이상 받는다는 세속적인 사람이 자신 같기도 하고, 막강한 경제력에 준수한 외모까지 겸비한 남성만을 선호하는 사람이 자신같기도 한 착각에 빠졌을지도 모른다. 아니면 그들의 그러한 일그러진 행태를 비웃기보다 그렇게 까다로운 요구 조건을 내세울 수 있는 그들의 현실적 능력이 부러웠을지도 모른다. 그러나 여기서 차분히 우리 자신을 돌아보자.

정작 나를 슬프게 하는 것은 무엇일까? 미혼자들은 냉정히 가슴에 손을 얹고 스스로에게 질문을 던질 필요가 있다. 내가 정말 슬픈 것인지, 아니면 슬픈 척하는 것인지, 슬프고 우울한 분위기에 휩쓸려 나도 모르게 무작정 슬퍼지고 싶은 것인지, 아니면 나를 몰라주는 세상이 원망스럽고 한탄스러운지 분별할 필요가 있다. 내가 짝이 없는 것이 슬픈지, 내가 아직 짝을 만날 준비를 못한 것이 슬픈 것인지, 아니면 내 짝이 없을 것이라는 비관적인 생각 때문에 슬픈 것인지 냉철히 되돌아 볼 필요도 있다. 무엇보다도 우리가 가장 슬퍼해야 할 일은 나의 생각과 의지와 상관없이 제멋대로 엇나가는 내 본능과 충동과 선망이 아닐까 싶다.

아직도 싱글인 미혼자의 시각에서 볼 때 세상의 무수한 커플들은 부러움과 선망의 대상일 수 있다. 화사한 옷차림으로 행복감에 젖어 팔짱을 끼고 가는 연인은 굳이 드라마가 아니라 해도 멋진 장면이 아닌가. 그러나 그와 달리 어떤 이에게는 세상 모든 커플이 그저 그렇게 여겨지고 이제 조만간 눈앞으로 성큼 다가올 자신의 반쪽과 비교해 하찮게 여겨질지도 모르겠다. 그들이 어떻게 생각하든 정작 중요한 사실은 아직도 커플이 되지 못한 그들의 실존이 아닐까.

여전히 몸과 마음의 어딘가 허전하고 쓸쓸해지는 심정은 미혼자 모두의 공통된 고민거리임에 틀림없다. 날씨와 상관없이 계절에 구애받음 없이 계속 시려지는 옆구리의 허전함은 경험해 본 사람은 모두 알 것이다. 그렇게 무작정 엄습하는 외로움과 쓸쓸함으로 인해 많은 미혼 청년들이 섣부른 충동에 이끌려 실수를 반복하는 것을 볼 때 안타까운 마음을 금할 수 없다. 조금만 더 참고 인내했으면 좋으련만, 조금만 더 냉철하게 이성적으로 판단했으면 좋으련만, 조금만 더 자신을 지키며 기도했으면 좋으련만 그들은 자신의 고립(孤立)을 인내치 못하고 서둘러 달콤한 유혹으로 빠져든다.

세상 그 누구와도 바꿀 수 없고 비교할 수조차 없는 나에게 가장 어울리는 짝을 만난다는 것은 결코 쉬운 일이 아니다. 결혼은 우리 일생에 가장 중요한 사건이기에 충분한 기다림과 시련의 과정을 통과해야만 당도할 수 있다. 세상에서 값진 선물은 결코 쉽게 얻어지지 않는 법, 그것을 알면서도 서둘러 뭔가에 쫓겨 배우자를 선택한다면 일생을 눈물로 후회할지도 모른다. 그러기에 내게 가장 좋은 짝을 만나 결혼하기까지 보다 더 깊은 신중함과 여유로움이 필요한 것이다. 독신 은사를 받지 않은 한, 짝은 반드시 이 땅에 존재한다.

이 사실을 믿고 사는 사람과 의심하는 사람 사이엔 근본적으로 다른 삶의 태도가 엿보인다. 전자의 경우엔 비록 결혼이 더디 이뤄지더라도 마음에 동요가 없고 의연한 태도를 보인다. 아직 짝이 곁에 없지만 나의 반쪽이 이 세상 어딘가에서 나와 같이 숨 쉬고 있다는 사실을 믿고 희망과 기대와 설레임으로 기다릴 수 있는 것이다. 그러나 후자의 경우엔 왠지 모르게 마음이 불안해지고 만남과 결혼을 서두르게 된다. 이제껏 만남의 기회가 없어 못 만났다는 생각에 더욱 초조해지고 불안해지다 결국 만남의 횟수를 늘려가는 데 치중하게 된다. 그렇지만 만남의 횟수가 는다고 만족도가 높아지고 맘에 드는 짝을 만나는 것은 아니다. 오히려 만남의 횟수가 늘어갈수록 만족도가 떨어지고 오히려 혼란이 깊어진다. 도대체 내 짝이 어디에 있는지 가늠할 수조차 없는 숲의 미로(迷路). 그제야 뒤늦게 그는 단순한 만남의 기회 부족 때문이 아니라 자신의 준비 소홀 때문임을 깨닫지만 현실의 벽은 여전히 높다. 내 맘에 드는 짝이 하나도 눈에 안 보이기 때문이다.

이제껏 결혼 상담을 통해 얻은 교훈은 많은 미혼 청년들이 자신과 너무 멀리 떨어진 곳에서 짝을 찾고 있다는 사실이다. 지리적으로 멀다는 뜻이 아니라 현실적으로 자신과 동떨어진 위치에 있는 사람을 내 짝이 되어 주길 소망하고 있다는 사실, 그래서 계속 결혼 문제가 안 풀리고 이성 교제에서도 좋은 결실을 맺지 못하는 미혼 청년들이 나날이 증가하고 있는 안타까운 현실, 이 문제를 풀기 위해선 외부의 도움만으론 부족하다. 본인의 깊은 성찰과 자신에게 알맞은 눈높이가 선결 과제이다. 결혼의 최종 선택자는 결국 자기 자신이기 때문이다.

다시 한 번 말하지만 내 짝은 멀리 떨어지지 않은 곳에 있다. 그 거리를 좁힐 수 있는 방법은 자신의 생각과 태도, 눈높이를 수정하는 것이다. 이제껏 그 기회를 상실해 왔다면 이제라도 늦지 않다. 생각을 바꾸고 태도를 바꾸고 눈높이를 내게 맞추면 된다. 나보다 지나치게 높은 곳에다 기준점을 잡으면 실패하기 쉽고, 지나치게 낮은 곳에 잡으면 나중에 후회하기 쉽다. 자, 이제 어떻게 할 것인가? 하나님께서 주시는 만남의 기회를 수용할 것인가? 이 글을 읽는 그대들의 현명한 판단을 기대한다.

5

최 고 로 멋 진 커 플 의 꿈

봄을 저어하던 앙칼진 바람이 한풀 수그러든 4월 하순, 상춘객으로 북적이는 놀이공원 호숫가를 조용히 걸어 본다. 팔짱을 낀 연인들이 꽃망울보다도 더 아름답고 화사한 웃음을 머금고 행복하게 걸어가는 모습이 줄지어 목격된다. 그 사이로 신혼 부부와 중년의 부부, 노년의 부부도 이따금 눈에 들어온다. 그들에게서 발견되는 공통분모는 행복한 표정이고, 굳이 차이를 찾자면 얼굴에 드러난 연륜일 듯싶다.

행복한 노부부들에게서는 어딘가 범접할 수 없는 세월의 연륜으로 인한 안정감과 원인 모를 연민이 동시에 느껴진다. 그것은 이제껏 수십 년 세월 힘든 고비를 견디며 살아온 날들에 대한 경외감과 앞으로 살아갈 날의 길이가 얼마 안 남아 아쉽고 쓸쓸해 보인다는 모순된 상념 탓일 것이다.

그러나 어쨌든 그들은 아름다운 인생을 해로한 동반자이며, 황혼의 승리자와도 같은 느낌이 든다. 그에 반해 행복한 40~50대 중년 부부들에게서는 노부부들과 비교해 안정감은 떨어지지만, 20~30대 연인과 부부들보다 훨씬 성숙하고 무르익은 모습이 느껴진다. 자녀를 어느 정도 키워 놓은 데서 오는 안도감도 엿보인다. 그렇지만 필자의 눈을 확 끄는 것은 아무래도 생기발랄하고 행복감에 들뜬 20대 연인들이 아닌가 싶다. 인생의 최고 절정을 구가하는 듯한 그들의 사랑과 기쁨은 타인의 시선과 질투로부터도 자유롭다. 어디에서건 자연스럽게 팔장을 끼고 포옹하고 키스하고 연인의 무릎을 베고 벤치에 누운 모습은 보는 이의 눈을 부시게 만들며 가슴을 설레게 하며 발랄하고 생기 넘치는 젊음을 선망토록 부추긴다.

그렇지만 그들의 모습을 자세히 하나씩 관찰하다 보면 어딘가 모르게 처음의 감동과 색다른 느낌을 경험하게 된다. 그토록 멋지게 보이고 부럽기까지 했던 그들의 얼굴 한구석에서 어딘가 모르게 불안하고 우울하며 근심스런 그림자가 엿보이기 때문이다. 뜨겁게 애정을 표현하는 몸짓에서도 어딘가 모르게 서투른 구석이 엿보이며, 활짝 웃는 표정 속에서도 서로의 초점이 일치하지 않는 부조화가 엿보인다. 이따금 다른 커플을 곁눈질하는 그들의 모습 속에선 왠지 모를 연민과 안타까움이 배어 나오기까지 한다. 그것은 그들이 아직 불안한 토대 위에 사랑의 탑을 쌓아가고 있는 미완의 커플들이라는 생각 때문일 것이다.

오늘도 많은 사람들은 자기의 짝을 찾기 위해 오랜 시간 하나님께 기도하며 안타까워하고 있을지도 모른다. 자신에게 맞는 좋은 배우자를 만나 복된 가정을 꾸린다는 것은 하나님의 큰 축복임에 틀림없다. 그런데 적지 않은 사람들은 자신의 짝을 엉뚱한 데서 찾아 헤매는 모습

을 보인다. 자신에게 가장 어울리는 배우자를 고르기보다 자신의 조건
과 비교해 터무니없이 높은 수준의 배우자를 찾는다. 남들에게 은근히
자랑하며 내세우고 싶은 상상 이미지 속 영화의 주인공들과도 같이 멋
지고 화려한 외모와 배경을 갖춘 이성(異性)을 자신의 배우자로 꿈꾸며
사는 이들이 의외로 많다. 특히 20대 청년들은 자신을 지나치게 과대평
가하며 현실과 이상을 동일시하는 경향을 보인다. 꿈과 비전을 크게 품
는 것은 바람직하지만, 그것이 지나쳐 배우자를 그러한 조건에 꼭 맞춰
고르려다 보면 자칫 늦도록 결혼하지 못하는 어려움을 겪을 수도 있기
에 주의해야 한다.

선택의 기회가 많다는 것도 젊음의 특권이지만, 그것이 또한 실수와
실패의 덫이 될 수도 있음을 유념해야 한다. 알맞은 선택 기회는 이성
을 파악하는 데 큰 도움이 되지만 지나치게 누리는 선택 기회는 오히려
혼란을 부채질하고 허황됨을 부추길 위험성이 크다. 자칫 스스로를 방
종과 방탕의 길로 빠뜨릴 위험성도 있다. 그러기에 20대 청년들은 이성
교제를 함에 있어서 절도가 필요하며, 한 사람 한 사람을 만나 교제할
때 신중함과 존중심을 잃지 말아야 한다.

아울러 자신의 배우자상을 객관적으로 검토해 볼 필요가 있다. 일단
내가 원하고 꿈꾸는 배우자의 모습을 그려보는 것이 선행되어야 하며
그런 연후에 자신의 특성을 객관적인 시각과 이성(異性)의 관점에서 냉
철히 파악하는 것이 중요하다. 내가 상대방 이성을 꼼꼼하게 챙겨보고
평가하는 기준 그대로 자신을 솔직하게 평가해 보는 것이 필요하다. 우
리 주변에는 이렇게 올바른 배우자상을 정립하지 못한 채 허황된 공상
이나 상상 속에서 잘못 고착화된 배우자상을 부둥켜안고 사는 사람들

이 너무나 많다.

필자는 이제껏 그러한 조건에 맞는 이성이 아직 나타나지 않았다며 무작정 학수고대하는 만혼자(晚婚者)들을 주변에서 많이 보아 왔다. 그렇지만 그러한 꿈과 환상을 냉철히 되돌아보고 깨뜨리지 않는 한 그들은 쉽게 결혼에 성공하지 못하고, 설령 결혼한다 하더라도 행복한 결혼 생활을 유지하기가 힘들지도 모른다.

6

배 우 자 선 택 의 7 가 지 기 본 원 리

필자는 이 시간 이후 마음을 가다듬고 최고로 멋진 커플의 조건에 대해 숙고해야 한다는 것과, 내게 가장 이상적인 배우자를 고르는 가장 원론적인 7가지 기준을 우선적으로 조언하고 싶다.

첫째, 내게 부담스럽지 않고 자연스러운 상대를 고르라

이 세상에서 이치는 간단하고, 진리는 단순하며, 명제는 명료하기 마련이다. 배우자를 고르는 원칙도 복잡하면 이해하기 어렵고 실천하기 까다롭다. 그러나 이 첫째 기준만 잘 통과하면 나머지 기준들은 큰 어려움 없이 적용할 수 있고 실패할 위험성이 그만큼 줄어들게 된다. 가장 쉽지만 그만큼 수용하여 적용하고 실천하기 어려운 것이 이상적 배우자 선택 기준이다. 가슴에 손을 얹고 결혼 전까지 두고두고 거듭 명심하고 또 명심할 일이다.

둘째, 상대방을 마음속으로 존중하고 신뢰할 수 있는 사람을 고르라

상대방을 무시하거나 가볍게 여기는 사람에게 이끌려 커플로 맺어지는 것은 섶을 지고 불 속으로 뛰어드는 것과도 같다. 데이트 시에 은근히 자존심을 짓밟거나 무시하거나 인격적으로 신뢰가 가지 않는 사람이라면 관계가 깊어지기 전에 결별을 신중히 검토해 볼 필요가 있다.

셋째, 신앙관과 인생관이 상충하지 않는 사람을 고르라

필자는 농담 삼아 늘 "결혼 전 미혼자들의 신앙은 50%는 깎아야 한다."라고 말한다. 그것은 미혼자였을 때의 신앙이 무척 중요하지만 그것만을 절대 요소로 여기기에는 그만큼 위험성이 내포되어 있다는 말이다. 그러기에 신앙의 한쪽 측면만을 놓고 좋으니 나쁘니 하지 말고, 좀 더 시야를 넓혀 인생관까지 겸하여 파악하라. 신앙은 결혼 이후에 더욱 성숙해지고 깊어질 수 있지만, 인생관은 하루아침에 쉽사리 바뀌지 않기 때문이다.

아울러 상대방의 신앙관과 나의 신앙관, 상대방의 인생관과 나의 인생관을 객관적으로 분석하고 감당할 만하거나 충분히 이해할 수 있다고 판단될 경우에 배우자감으로 고려하라. 만일 상대방의 신앙관과 인생관이 내가 도저히 용납할 수 없거나 감당 못할 정도임에도 무시하고 상대방의 외적 조건에 이끌려 결혼을 선뜻 결정한다면 두고두고 후회할 위험성이 있으니 주의해야 하리라고 본다.

넷째, 내 성격과 기질과 잘 조화를 이루는 사람을 고르라

내 성격은 타고난 것이든 후천적인 것이든 쉽게 고쳐지지 않는다. 기질도 마찬가지이다. 그러기에 최고의 배우자 조건으로서 내 성격과 기질과의 조화는 대단히 중요하다. 너무나 다른 성격과 기질이 그 다름으로 인해 오히려 플러스적인 요인으로 작용한다면 아무 문제없겠지만, 그 반대일 경우엔 심각한 결과를 야기할 수도 있기 때문이다. 그러기에 데이트 중에 내 성격과 기질과 너무 동떨어진 면이 드러난다면 그 부분을 내가 충분히 이해하고 수용할 수 있는지, 아니면 나중에 그로 인해 큰 갈등과 다툼을 초래할 위험성이 있는지를 신중히 가늠해 보아야 한다. 물론 내 스스로 변화되고 고칠 수 있는 습관과 성격으로 인한 갈등과 충돌이라면 얼마든지 그 가능성이 열려 있다고 봐도 좋을 것이다.

다섯째, 지나치게 어떤 일에 집착하거나 질투심이 많은 사람을 피하라

중독(中毒)은 처음부터 심각하게 드러나지 않는다. 사람은 선천적으로 무엇엔가 몰두하고 열중하는 경향을 보이며, 그러한 취미 활동은 권장할 만하다. 그러나 그것이 취미 활동을 넘어 지나치게 광적으로 몰입할 땐 문제가 된다. 일에 지나치게 열중하고 몰입하면 일중독(workaholic)이 되고, 술에 열중하면 알코올 중독(alcoholic)이 되며, 취미나, 스포츠나, 도박이나, 약물이나, 비디오나, 섹스도 마찬가지다. 잠시 무언가에 열중해 생의 활력을 얻고 스트레스를 푸는 것은 바람직하나, 그 정도가 지나쳐 오히려 생활의 리듬을 깨뜨리고 가정을 파탄으로 이끈다면 그것은 결단코 피해야만 한다. 데이트 시에 그것을 정확히 파악하기 어렵겠지만, 신중히 파악하려 노력한다면 어느 정도는 알아낼 수 있을 것이다. 질투심의 경우도 마찬가지이며 알맞은 정도의 질투심이 아니라 매사에 간섭하고 구속하려 드는 성향의 사람이라면 커플로 맺어지길 조심해야 한다. 자칫 쌍방이 상처를 입을 수도 있기에 깊은 관계로의 진전을 피해야 한다.

여섯째, 상대방을 위해 희생할 줄 알고 상대방의 발전을 기뻐하는 사람을 고르라

데이트 시엔 단순히 커플이라는 사실로 인해 흥분하고 들뜨기 마련이다. 특히 20대의 용솟음치는 젊음과 끓어오르는 에너지는 자칫 서로에 대해 눈이 멀도록 이끌며 급속한 관계 진전으로 빠질 위험성이 상존한다. 그러기에 특별히 데이트 시에 일정한 선을 넘지 않도록 조심해야 하며, 실수할 위험성이 큰 장소나 옷차림과 행동은 피하는 것이 좋다.

결국 상대방을 위해 말로 잘해 주고 좋은 선물을 사준다고 그 사람의 됨됨이를 모두 파악할 수 있는 것은 아니다. 성격적으로 활달하냐, 내성적이냐도 크게 문제 되지는 않는다. 다만 상대방에 대한 희생의 태도와 마음 씀씀이, 배려하는 자세는 어떤 식으로든 노출되기 마련이다. 상대가 나를 마음 깊이 존중하고 사랑하는지, 아니면 일시적으로 사랑하며 엔조이 상대로 대하고 있는지는 흥분하지만 않으면 충분히 파악할 수가 있다. 그러기에 지금 교제하는 사람이 일평생 나와 함께할 수 있는 최고의 배우자가 될 수 있는지 아닌지를 판단함에 있어서 그 사람의 됨됨이와 속사람을 고려하는 것은 대단히 지혜로운 방법이다. 그런 사람은 또한 상대방의 발전과 성숙을 함께 기뻐하고 격려해 주는 멋진 인격을 겸비한 사람이기 쉽다.

일곱째, 평생을 함께하는 동반자로 대화가 잘 통하는 사람을 고르라

결혼은 일생의 벗을 구하는 것이라는 말이 있다. 그만큼 결혼 생활은 부부의 대화가 대단히 중요하며, 함께하는 동반자를 만나야 참된 행복을 누릴 수 있다. 말을 잘하는 것과 대화가 잘 통한다는 것은 전혀 별개 차원의 이야기이다. 말을 잘하는 사람과 대화해도 말이 안 통해 속이 답답할 수가 있고, 말수가 적고 수줍은 사람과 대화해도 말이 잘 통함을 느끼고 시원함을 느낄 수가 있다. 최고의 커플이 되기 위해서는 서로 말이 잘 통해야 한다. 서로 말이 잘 통하기 위해서는 상호적으로 깊은 영적 교감이 이루어져야 하며 상대방을 깊이 파악해야 가능하다. 그러기에 단순한 육적 만남이나 마음을 쏟지 못한 만남, 영적으로 교제가 없는 만남은 깊은 단계로 나아갈 수가 없다. 그런 커플은 진정한 의미의 배우자가 될 수 없으며 최고의 배우자라 말하기엔 더더욱 어림없다.

이 글을 읽는 모든 이들이 모두 아름다운 커플로 맺어지길 바라며 이미 커플로 맺어진 이들은 두 사람이 진정 최고의 배우자감인지 아닌지 되돌아보고, 상대방을 깊이 배려하며 상호 존중하는 수고로운 검증 과정을 거쳐 행복한 결혼으로 골인하기를 바란다.

결혼의 비밀

요즘 우리 사회에 '비밀'이라는 말처럼 은밀히 회자되는 단어는 없을 것이다. 모두들 비밀 한두 가지는 갖고 있어야 하고 또 그래야만 마치 시대에 뒤떨어지지 않는 교양인이 되는 양 생각한다. 저마다 상대방이 모르는 비밀을 품고 좋아하며, 상대방을 속이고 상대방 몰래 부정을 저지르고 상대방에게 감쪽같은 속임수를 쓰는 '의도된 비밀들'이 너무나 많다. 이 모든 것은 바로 우리들이 품고 있는 잘못된 믿음, '나만의 비밀'에 대한 애착 때문이다.

한때 "비밀"이란 제목의 영화가 개봉됐었고, "메디슨 카운티의 다리"라는 영화와 "애인"이라는 드라마가 공전의 히트를 쳐 많은 사람들이 남편과 아내 이외의 '애인'을 두는 것을 자연스럽게 여겼다. 그리고 그것이 시대에 뒤떨어지지 않는다는 그릇된 믿음이라는 것을 보게 된다. 이 모든 것은 가장 순결해야 하며 견고해야 할 '결혼의 신뢰 관계'

를 깨뜨리는 에이즈와도 같은 질병이다.

　지금 우리 주변의 가정은 '신뢰 결핍'과 '비밀 바이러스'로 속으로 부터 곪아가고 있다. 이러한 위기를 미연에 방지하고 또 극복하기 위해서 우리가 미리 다지고 견고히 해야 할 일이 무엇이겠는가? 결혼이 아무리 시급한 문제라 하더라도 우리는 먼 미래를 내다보며 결혼을 제대로 준비하지 않으면 안 된다.

　오늘날 우리 주변을 돌아보면 많은 믿음의 가정조차 그러한 외부의 유혹과 공격을 당해 위태롭게 유지되고 있음을 보게 된다. 하나님께서는 그러기에 결혼하기 전에, 또 결혼하고 나서도 계속 결혼의 완성을 향하여 우리들이 철저히 준비하고 노력해야 할 것을 교훈하고 있다. 우리가 지금 환상적으로 꿈꾸거나 달콤하게 누리고 있는 '둘만의 사랑'도 마침내 결혼이라는 '현실의 관문'을 통과하지 않고는 결코 안심할 수 없음을 알아야만 한다.

　낭만적이고 육체적인 쾌락만을 목적으로 삼는 에로스(Eros)적 사랑은 언제든 깨어질 위태로움이 있으며, 유희만을 추구하는 루두스(Ludus)적 사랑은 깊은 교제를 불가능케 하며, 친족간의 친밀감만을 추구하는 스톨게(Storge)적 사랑 또한 상대방을 곤경에 빠뜨릴 위험성이 있다. 광적이고도 소유와 중독에 짓눌린 매니아(Mania)적 사랑은 자칫 자신과 상대방을 파멸로 빠뜨릴 위험성을 내포하고 있으며, 실용적이며 논리적으로만 관계하는 프래그마(Pragma)적 사랑도 인생의 험한 풍랑 속에서 쉽사리 좌초할 위험성이 농후하고, 친구와 같은 관계만을 지속하려는 필리아(Philia)적 사랑 또한 결국 한계에 봉착해 위기를 맞게 될지도 모른다. 물론 그렇다고 우리들이 모두 예수님처럼 완벽히 자신을 희생하는 아가페(Agape)의 사랑을 하면 이상적이겠지만, 현실이 어디 그런가?

　우리들이 흔히 주변에서 보고 듣는 진실을 배제한 비밀스런 사랑은 결코 행복한 결혼을 보장하지 않는다. 또한 한 사람에게 충실치 않으려는 불성실한 사랑도 부정(不貞)과 불륜의 덫에 걸릴 위험성이 있다. 우리는 결혼하기 전에, 아니 결혼한 이후에도 언제나 우리를 향해 날아오는 결혼의 성(城)을 파괴하고 무너뜨리려는 마귀의 불화살과 불시험을 항상 대비해야만 한다. 우리가 방심하다간 자칫 우리도 미처 알지 못하는 사이 은밀한 유혹에 빠져 '포도원을 허는 작은 여우'(아 2:15)에게 성문을 열어 줄 위험성이 있음을 잊지 말아야 한다. 결혼 이전이든 이후든, 우리는 자신만의 비밀을 간직하려는 유혹에서 벗어나야 한다. 굳이 밝히지 않아도 될, 나중에 알려져도 별로 문제될 것이 없는 내용이라면 무방하지만 후에 행여나 상대방을 좌절케 하거나 분노케 만들거나 배신감과 증오의 감정에 휘말리게 하는 어떤 비밀도 용납해선 안 된다. 그렇지만, 엎질러진 물처럼 돌이킬 수 없는 이미 회개하여 청산한 과거 이성 관계의 실수에 대해서는 오히려 예외적인 비밀로 남겨 줄 것을 권면한다.

　결혼은 그만큼 우리에게 순결함을 요구하고 정직함을 요구한다. 불의와 부정을 멀리할 것, 한 사람에게 철저히 충실할 것과 나의 반쪽으로부터 충분히 신뢰를 얻을 것을 요구한다. 우리 모두 그러한 결혼을 꿈꾸며 더욱 뜨겁게 기도하고 또한 그것을 나의 현실 속에서 온전한 나의 것으로 누리기를 간절히 기도한다.

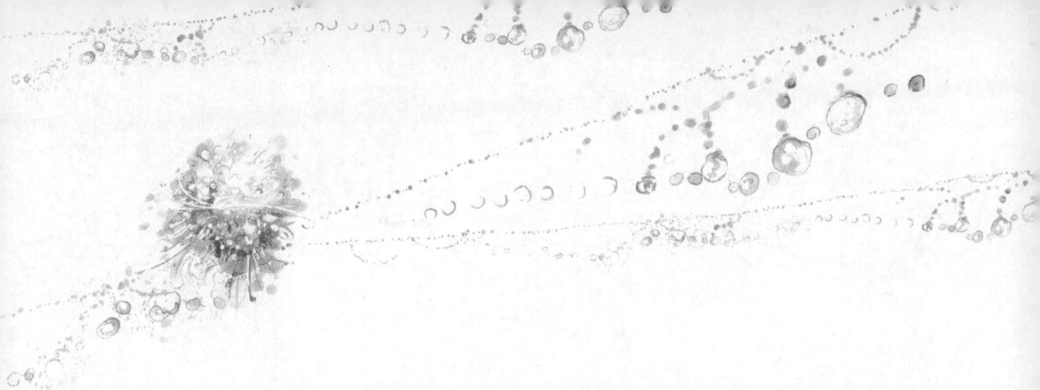

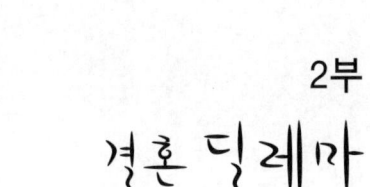

2부

경혼 딜레마

8

차 라 리 화 려 한 싱 글 로 남 을 까 ?

봄·가을이 되면 신혼여행을 떠나는 사람들이 자주 눈에 띈다. 그런데 요즘 결혼식장에 가보면 어딘가 모르게 허전한 느낌을 받을 때가 있다. 기쁘고 감격스런 일생일대의 최고 행복 축제라는 느낌보다 의례적으로 치르는 요식행위라는 느낌이 이따금씩 들기 때문이다. 한쪽에서는 무척 기뻐하는 모습이 눈에 띄고, 또 다른 쪽에선 그저 그렇다는 식의 시큰둥한 반응, 또 다른 쪽에서는 굳이 저렇게 결혼해야 하나 싶은 표정들이 혼재한 듯한 어수선한 느낌.

그래서 요즘엔 교회에서 치르거나 일반 예식장에서 치르거나 결혼식장에서의 느낌이 예전과 다르다는 것을 종종 느낀다. 또 한편으로 머리를 스치는 감회는 요사이 미혼 청년들의 달라진 결혼관을 들 수 있다. 굳이 힘들게 결혼할 바에야 화려하게 싱글로 남는 것이 더 좋다는 의견이 엄청난 비율을 차지하고 있다는 사실이 필자를 우울하게 만든다. 정말 그럴까? 그렇다면 그렇게 시시한 결혼과 행복한 가정을 하나님께서 굳이 힘들게 만드시고 기뻐하셨을까?

이는 어쩌면 잘못된 편견과 그 동안 주위에서나 방송과 영화 등을 통해 보아 온 부정적 간접 경험들로 인한 영향 때문일 것이다. 사랑하는 남녀가 만나 행복한 결혼을 하고 건강한 가정을 이루고 후손들을 낳는 것은 하나님께서 허락하시고 기뻐하시는 창조 질서이다. 그것을 거스르는 어떤 궤변이나 논리나 가치관도 올바르다고 볼 수 없다. 그러기에 미혼 크리스천들은 더더욱 이 세대의 잘못된 풍조에 오염되지 말고 하나님의 문화 명령에 귀 기울여야 할 것이다.

필자가 상담했던 한 30대 후반의 자매가 있었다. 그 자매는 결혼을 간절히 원했지만, 계속 교제가 실패하고 결혼이 늦어지자 혹시 독신의 은사를 받았기 때문에 자꾸 결혼이 늦어지는 것이 아닌가 염려돼 결혼 상담을 요청했다. 이처럼 결혼이 지연되거나 좌절될 때 많은 미혼 크리스천들이 혹시 독신의 은사를 받은 것이 아닌가 생각해 실수하는 경우가 많다. 그렇지만 결론적으로 말해서 독신의 은사를 받은 사람은 아주 극소수라는 것이다.

독신(獨身)에 대한 성경적 근거를 살펴보면 독신과 결혼 모두 은사라는 것을 알 수 있다. "나는 모든 사람이 나와 같기를 원하노라. 그러나 각각 하나님께 받은 자기의 은사가 있으니 하나는 이러하고 하나는 저러하니라"(고전 7:7). 이는 결혼하는 것이 하나님께로부터 받은 은사이듯이 독신으로 지내는 것도 하나님의 은사라는 것이다. 그렇지만 독신 은사를 아무나 받았다고 혼동을 일으켜서는 안 된다. 결혼에 어려움을 겪었다고 섣불리 독신 은사를 받았기 때문에 하나님께서 결혼을 막는 것으로 오해한다면 후에 큰 후회를 할 위험성이 크다. 독신 은사를 받은 것을 판별하는 성경적 기준은 다음의 두 가지이다.

1. 타고난 고자의 경우

선천적으로 신체상 불구이거나 성욕이 극도로 미약한 사람의 경우가 이에 해당한다. 성경은 이들에게 독신의 은사자임을 일깨워 준다.

2. 하나님께 헌신된 자일 경우

마태복음 19:12에 나와 있듯이 천국을 위하여 스스로 된 고자가 이에 해당한다. 바울도 일평생 결혼하지 않고 하나님의 사역에 전념했으며(고전 9:5, 고전 7:26), 구약의 나실인 제도(민 6장)를 통해서도 독신 은사의 사례를 발견할 수 있다.

그렇지만 여기서 조심할 것은 자신이 진정 독신의 은사를 받았느냐 아니냐의 구분이다. 앞서 언급했듯 자신의 까다로운 배우자 조건으로 결혼에 실패했거나 다른 외부의 불가피한 상황 때문에 결혼에 장애를 겪고 있는 경우, 일시적으로 결혼할 수 없는 환경에 놓여 있거나 과거의 상처나 이성 교제의 실패 경험 등으로 인해 일시적으로 독신의 은사인지 의심해 결혼에 어려움을 겪는다고 모두 독신의 은사자라고 볼 수 없다는 것이다. 만일 아직 내가 바라는 조건과 기준에 맞는 배우자를 만나지 못해 결혼이 지연되고 있다면 속히 내 결혼 장애물이 무엇인지를 발견하고 버릴 것은 과감히 버리고 포기하는 지혜가 필요하다 하겠다.

이제 머잖아 태풍이 몰려오고 무더위가 찾아오고 선선한 가을이 찾아올 것이다. 봄, 여름에 열심히 땀 흘려 가을에 기쁨으로 수확하는 농

부처럼 우리 모두 열심히 결혼을 위한 준비를 하고 아직 준비를 하지 못한 자신을 주님 앞에 정직히 아뢰고 고침 받아야겠다.

누구나 때가 되면 쉽게 결혼할 것이라는 지나친 낙관론과, 그 반대로 결혼 자체를 불행과 구속이고 인생의 무덤이라고까지 극단적으로 해석하는 편협한 비관론은 모두 잘못이다. 화려한 싱글을 미화하거나 찬양하는 사람들은 어쩌면 자신의 실패한 연애와 결혼을 미화하고 싶어 하는 상처받은 사람들일 수도 있음을 유념해야 한다.

더 이상 고통스럽고 우울한 싱글의 감옥에서 신음하지 말고 이제 문을 활짝 열고 아름답고 찬란한 커플의 꿈으로 달려가라. 주님께서 결코 여러분의 그토록 애틋한 소망을 저버리시지 않을 것이다.

9

선 택 의 딜 레 마

　미혼 청년들의 이성 교제와 결혼 문제를 놓고 보더라도 변덕스런 날씨처럼 쉽사리 외부 환경에 영향을 받고 흔들리는 모습을 보게 된다. 첫눈에 보고 반해 무작정 이끌리기도, 맹목적인 열정으로 몸살을 앓기도, 무의식 속에 자리 잡은 이성(異性)에 대한 공포와 두려움으로 아예 이성의 접근을 차단하거나 도망치기도, 교제하면서도 상대방에 대해 확신이 안 들어 우왕좌왕하기도, 이 사람 말고 더 좋은 다른 사람이 기다리고 있지나 않을까 싶어 좌우를 두리번거리기도 하는 등의 불안한 모습을 보이곤 한다. 그런 모습을 발견할 때마다 필자는 안타까움과 연민을 동시에 느낄 때가 있다.

　얼마 전 교제를 하다가 결혼까지 생각하고 있는 한 30대 중반의 자매와 결혼 상담을 한 적이 있다. 그 자매는 자신의 연약한 부분으로 인해 가벼운 우울증까지 경험했던 터라 새로운 만남과 결혼의 가능성에 대해 뛸 듯이 기뻐했다. 그러나 차츰 결혼이라는 현실이 눈앞으로 다가오자 덜컥 겁이 났던 것이다. 그래서 정말 그 사람이 자신에게 하는 말과 행동이 진실인지 아닌지 불안해졌고 혹 다른 사람이 내 짝으로 예비되어 있는 것이 아닌가 고민하였다. 그러나 한 꺼풀 벗겨 보니 그 원인이 그녀 자신의 불안한 심리 상태 때문이었지 다른 외부의 환경 때문이 아니었다는 것이었다.

또 얼마 전 만남의 기회가 너무 많아서 고민하는 다른 한 노총각 형제와 결혼 상담을 한 적이 있다. 그는 이제껏 백 번 이상의 맞선과 소개를 경험했고, 결혼 세미나를 통해서 이성과 교제할 수 있는 기회도 가졌지만, 여전히 혼란을 경험하고 있었다. 그는 너무나 많은 가능성으로 인해 오히려 혼란을 경험한 케이스다. 자신이 맘만 먹으면 누구든 만나 교제할 수 있다는 자신감이 오히려 그의 발목을 잡았기에 막상 교제를 시작해도 확신을 갖지 못하고 망설이고 망설였던 것이다. 머리로는 이 여자라는 생각이 들면서도 자꾸만 마음이 무거워지고 또 마음으론 끌리면서도 머리로는 이 여자가 아니라는 생각이 드니 미칠 지경이라는 것이다. 어느 한쪽이 맞으면 다른 쪽이 안 맞고 또 어느 한쪽이 좋으면 다른 쪽이 미흡하게 느껴지는 악순환! 그는 더 이상 결혼에 대한 확신을 못 갖고 갈팡질팡했던 것이다.

두 사람과의 상담은 필자로 하여금 선택의 딜레마로 고민하는 많은 미혼 청년들의 복잡한 심리 상태를 또다시 확인케 만드는 계기가 되었다. 많은 미혼 청년들이 이성 교제를 하면서도 살얼음판을 밟듯 불안한 상태로 교제하고 있기에 자그마한 외부의 충격에도 쉽사리 금이 가고 상대방에 대해 확신을 못 갖는 것을 본다.

두 번째 상담 사례의 형제처럼 너무나 많은 선택 기회가 오히려 선택을 방해하고 결혼의 장애요소로 작용할 수도 있음을 엿보게 한다. 그에게는 아직도 두 가지 가치관이 혼재되어 있기에 배우자 선택을 확신하지 못하고 있을 수도 있다. 머리를 따르자니 마음이 안 따르고, 마음을 따르자니 머리가 안 따르고…. 어쩔 수 없지만 그는 두 가지 선택 가능성 사이에서 망설일 수밖에 없는 딜레마에 빠졌던 것이다. 이처럼 우리 주위엔 배우자 선택 문제를 놓고 이성적 사고와 감성적 이끌림 사이에서 갈등하는 형제, 자매들이 많다. 그렇지만 여기서 우리가 알아야 할 사실은 머리(이성)만을 따를 때의 위험성과 마음(감성)만을 따를 때의 위험성이 동시에 존재한다는 사실이다.

머리만을 따를 때는 나의 이상형(Ideal Type)만을 고집하게 되고, 그 기준과 틀에 맞지 않으면 배척하는 경직됨을 보이기에 위험하다. 마음만을 따를 때는 순간적인 이끌림이나 충동으로 인해 자칫 상대방의 진면목을 제대로 파악하지 못하고 오판할 위험성이 있다. 이러한 딜레마를 해결하기 위해서는 머리와 마음을 동시에 고려하되 특별히 머리보다는 마음을 우선시하라고 권면하고 싶다. 왜냐하면 머리만을 고집할 경우 성령님의 역사를 제한할 위험성이 더 크다고 보기 때문이다.

사랑하는 미혼 크리스천 형제, 자매들이여!
정말 지금 마음으로 와 닿는 사람이 있는가?

그 사람을 다시 한 번 진지하게 생각해 보길 바란다. 그리고 머리로 자꾸만 아니라고 생각되는 부분이 정말 내게 절대적인 문제인지, 아니면 순간적인 내 판단이나 인간적인 욕심에 치우친 문제인지, 아직도 내

분수를 모르고 터무니없이 구하는 어리석은 문제인지를 점검해보기 바란다. 그 문제를 제대로 해결해야만 나의 결혼 문제를 하나님께서 풀어주실 것이다.

10

환 상 과 현 실

자주 이변을 일으키는 날씨를 보면서 필자는 문득 미혼 청년들의 얼굴이 오버랩되는 것을 느꼈다. 갑작스레 열정으로 치솟다가 소나기를 얻어맞고 좌절감 속에서 허우적이다가 언제 그랬냐는 듯 또다시 물불 안 가리고 사랑의 열병 속으로 무모하게 돌진하는 과격한 행동을 되풀이하는 모습. 그래도 젊음은 그러한 패기와 열정이 있기에 아름다운 것 같다. 그러한 열정마저 시들한 젊음에게는 사랑의 기회와 결혼의 기회조차 외면하기 때문이다.

미혼 청년들과 상담하는 가운데 이따금 현실과 환상을 혼동하고 있는 이들을 발견한다. 그들의 이야기를 듣다 보면 도대체 어떠한 이성을 추천해야 할지 난감하고, 도대체 결혼 준비가 되어 있는지조차 의문스러워 가슴이 답답할 때가 있다. 물론 그 당사자의 입장에서는 솔직한 고백이며, 아직도 포기하지 못해 갈등하고 있는 상황을 호소하는 애처로움이며, 어떻게든 도움을 얻기 위해 부끄러움마저 극복하고 자신의 진심을 용기 있게 표출하는 진솔한 몸짓임을 이해 못하는 것은 아니다. 다만 그들에게 뭔가 도움을 주어야 하는데 너무나 기준이 복잡하고 사고의 진폭이 크다. 선택의 범위를 지나치게 넓혀 놓아 섣불리 손을 대기 어려운 상황으로 판단되기 때문이다.

인간은 누구나 현실에 안주하기보다 환상을 꿈꾸며 살아간다. 현실에 만족하며 산다는 것은 일면 바람직하지만, 자칫 타성의 늪으로 빠져들 위험성이 있기에 조심해야 한다. 현실에 안주하려는 이보다 현실에 불만족하고 타개하려는 이가 더 큰 발전을 이룸은 주지의 사실이기에, 미혼 청년들은 그 누구보다 더 높은 이상을 품고 더 큰 환상을 꿈꾸며 살아가야 한다고 본다. 그런데 막상 결혼이라는 문제로 국한해 그 환상의 실체를 확인해 보면 당황스러울 때가 종종 있다. 자신의 실상을 무시하고 터무니없는 눈높이에서 자신의 배우자를 고르려는 이들을 볼 때면 어떻게든 현실을 직시토록 해 주어야겠다는 안타까운 마음이 들곤 한다.

결혼이란 가상공간(Cyber Space)이 아닌 현실에서의 상대가 있는 게임이다. 만일 혼자만의 공상과 신념과 믿음으로 해결될 성질의 것이라면 굳이 어렵게 고생할 필요가 없다. 그렇지만 막상 누구든 결혼하려고 할 때, 그들은 지나치다 싶을 정도로 현실적으로 돌변하고, 자신의 시각(視覺)을 과도히 의존하고, 자신의 이성적 판단을 최우선시하려는 경향을 보인다.

이것은 크리스천이든 불신자든 대동소이하다. 이로 인해 막상 결혼이라는 현실과 자신에게 오랫동안 친숙했던 환상 사이에서 갈피를 못

잡고 우왕좌왕한다. 고독하지만 눈부시게 화려했고 마음껏 욕망을 부풀렸던 달콤한 환상에서 냉혹한 현실로 돌아왔지만, 여전히 자신이 처한 현실을 깨닫지 못하고 몽유병자(夢遊病者)처럼 살아간다는 것은 비극이다. 이미 들어버린 나이, 주름진 얼굴, 위축되고 왜소해진 체구······.

그렇지만 그러한 미혼 청년들은 자신의 진실과 대면(對面)하지 않는다. 여전히 환상 속을 헤매며 자신이 처음 환상의 세계로 발을 들여놓았을 때의 나이에 고정된 채 타인을 바라보고 평가한다. 전혀 자신이 상대방에게 그와 똑같은 방식으로 평가된다는 사실을 까맣게 모른 채 말이다.

결혼을 진정으로 원하는 미혼 크리스천이라면 환상에서 깨어나 현실의 세계로 내려와야 하며, 자신의 현재를 직시해야 한다. 거울 속 자신의 얼굴을 차분히 돌아보며 눈높이를 수정해야 한다. 현실로 돌아오는 시간이 빠르면 빠를수록 본인에게 유리함은 경험자들의 공통된 고백이다. 자, 그렇다면 이제 당신은 어떻게 행동하겠는가? 끝까지 환상 속에서 행복을 누리겠는가? 아니면 냉혹하지만 받아들여야 할 차가운 현실로 돌아와 실패를 곱씹고 현실에서 생존을 모색하겠는가?

결국 일평생 혼자서 살 각오가 아니라면 후자를 선택해야 하지 않을까? 그 사실을 머릿속에서 수긍하고 받아들였으면서도 결정을 계속 미룬다면 그만큼 결혼이 지연됨은 자명하다. 그것은 결코 실패도 무능력도 아니다. 그것은 오히려 성숙함의 증표이며, 새로운 출발선상으로의 회귀(回歸)이다.

더 이상 아무런 소용없는 환상 속의 싱글을 고집하지 말고 현실로 돌아와 이성(異性)에 대해 눈을 떠라! 그리고 주님께서 내게 복된 선물로 주시기 원하는 배우자에 대한 현실적 소망을 품어라! 그러면 주님께서 반드시 당신에게 막혀 있던 결혼의 문을 활짝 열어주실 것이다. 당신이 오랫동안 환상으로부터 기만(欺瞞)당했던 그 어리석고 후회스런 손실을 넉넉히 보상해 주실 것이다. 이 글을 읽는 모든 이에게 주님의 은혜가 넘치길 기도한다.

11

배 우 자(俳優者) 와 배 우 자(配偶者)

　싱글들만 있는 공간이거나, 싱글 속에 커플이 띄엄띄엄 뒤섞인 공간
에선 그런대로 견딜 만하지만 커플이 다수를 점하는 공간에서는 싱글
들이 위축되게 마련이다. 나 홀로 영화 한 편 편히 볼 수 없는 현실을
자각할 때 싱글들은 자신의 처지에 대해 심각히 고민하기 시작한다. 그
러나 어떻게든 싱글에서 벗어나 커플로 맺어지기를 바라지만 현실이
그리 만만치 않다는 데 정작 어려움이 있다. 미혼 청년들과 결혼 상담
을 하는 가운데 그들의 의식 속에 그릇된 배우자상(像)이 자리 잡고 있
는 것을 종종 경험한다.

　필자가 상담한 한 30대 중반의 형제는 어떤 배우자를 원하는가에
대한 질문에 너무나 이상적인 배우자 조건을 조목조목 나열했다. 얼굴
은 ○○○ 탤런트를 닮은 얼굴에다 직업은 교사나 공무원, 집안은 되도록

능력 있는 집안이었으면 좋겠다는 식의 배우자 조건 리스트를 보면서 필자는 물끄러미 그 형제를 바라보았던 기억이 있다. 물론 그러한 소망 자체를 그릇되었다고 볼 수는 없을 것이다. 인간은 누구나 자신보다 나은 조건의 배우자를 만나 결혼하길 꿈꾸며, 어쩌면 그 형제는 다른 사람보다 더 솔직하고 진솔한 사람일 수도 있기 때문이다. 그러나 필자가 못내 안타까웠던 것은 그 형제의 외적 조건이 본인의 기대 수준과 너무 동떨어진 상태였다는 사실이다.

또한 아무리 필자가 결혼 세미나를 통해 올바르게 배우자를 고르는 방법, 성경적 만남과 결혼, 행복한 결혼으로 이끄는 결혼 방정식, 결혼 기도법 등에 대해 침이 닳도록 설명해도 여전히 바뀌지 않는 형제, 자매들의 의식과 결혼 가치관을 접하면서 맥이 풀릴 때가 한두 번이 아니다. 너무나 세상적이고 인간적인 시각에만 초점을 맞춘 채 그런 기준으로 배우자를 고를 때 결혼이 자꾸 늦어지고 결국 혼기(婚期)를 놓쳐 버릴 위험성이 크기에 주의하지 않으면 안 된다. 그러한 위험성을 미리 일깨우고 예방(豫防)의 차원에서 조처를 취하지 않으면 결혼에 장애를 겪거나 결혼 후에도 위기를 초래할 이들이 너무나 많은 실정이다. 이를 위해 보다 철저한 훈련과 교육, 조언이 그 어느 때보다 필요하다 하겠다.

오늘날 이처럼 배우자(配偶者)를 배우자(俳優者)로 착각한 채 자기의 짝을 고르는 미혼 청년들이 주변에 너무나 많다. 배우자(俳優者)는 말 그대로 보기에 너무나 좋은, 누구나 탐을 낼 만한 외적 조건을 지닌 상대를 말한다. 그러기에 뭇 남성과 뭇 여성은 그런 사람을 꿈꾸며 어느 날 불쑥 자신에게 그런 상대가 다가오기를 학수고대한다. 그렇지만 결혼할 배우자(配偶者)로서 그런 배우자(俳優者)가 적합한지는 좀 더 깊이 생각해 봐야 한다. 자신에게 가장 편안하게 어울리는 배우자(配偶者)와 만나 결혼하는 것만큼 행복한 삶은 없다. 언제나 좋은 모습만을 보여 주려 애쓰는 연애 시절과 모든 면이 적나라하게 드러나는 결혼 생활 사이엔 분명한 차이가 있다. 언제나 연애 감정에만 치우치고 달콤한 연애 시절에만 포커스를 맞춘 채 결혼 생활을 하려는 배우자와 함께 산다는 것은 행복인 동시에 불행이다.

결혼은 잃어버린 에덴 동산의 회복이지만, 그렇다고 완전한 천국의 삶도 아니다. 결혼은 기쁨과 행복을 향유함과 동시에 아픔과 슬픔과 고통을 공유해야만 하는 현실의 삶이다. 기쁠 때가 있으면 슬플 때도 있고, 웃을 때가 있으면 울 때도 있고, 찢을 때가 있으면 꿰맬 때도 있으며, 사랑할 때가 있으면 미워할 때도 있는 법이다. 연애 시절에 누구나 한번쯤 영화나 소설 속의 주인공과 같이 되어 보고 싶은 충동을 느끼지만, 실제로 그렇게 일평생 살 수는 없는 노릇이다. 영화 배우나 탤런트들도 영화나 드라마 속에서처럼 실제로 살 수 없을진대, 일반인들이야 더 말해 뭐하겠는가?

배우자(俳優者)는 보기에 좋으면 그뿐일 뿐, 배우자(配偶者)의 자리를 대신할 수 없다. 배우자(俳優者)와 함께 한 지붕 밑에서 일평생 산다는 것이 필부필부(匹夫匹婦)에겐 그리 간단한 일도 만만한 일도 아니다. 자신의 분수를 아는 이만큼 지혜로운 사람이 어디 있겠는가? 그러기에 미혼 청년들은 어리석은 배우자(俳優者)의 꿈에서 깨어나 현실적으로 자신에게 가장 어울리는 배우자(配偶者)를 만나야 한다. 그러한 만남을 통한 결혼 생활은 오히려 행복을 보장하는 지름길이며, 배우자(俳優者)라는 환상과 신기루 속에서 일평생 헤매는 비극을 미연에 방지하는 최

선의 예방책이다.

사랑하는 미혼 청년들이여!
아직도 배우자(俳優者)에 대한 미련이 남아 있는가?
아직도 배우자(俳優者)와 배우자(配偶者)가 혼동되는가?
아직도 배우자(配偶者)보다 배우자(俳優者)에 더 눈길이
가는가?

차분히 마음을 가라앉히고 거울 속에 비친 자신의 얼굴을 바라 보아
라! 그리고 자신에게 편안하고 어울리는 상대를 마음속으로 그려 보아
라! 누군가에게 자랑하고 싶거나 우쭐대고픈 어리석은 충동에서도 벗
어나라! 그럴 때 비로소 여러분 앞으로 어떤 사람이 뚜벅뚜벅 걸어올
것이다. 이제까지와 전혀 다른 모양과 얼굴을 한 환한 미소를 띤 그 사
람이 어쩌면 당신의 일평생 반려(伴侶)일지도 모른다. 그 사람을 만나
행복한 결혼으로 인도받길 간절히 소망한다. 샬롬!

12

이별의 아픔을 극복하는 길

사람은 누구나 과거의 추억을 지닌 채 살아간다. 그렇지만 어떤 사람에겐 그 추억이 아름다울 수도 혹 괴로울 수도 있을 것이다. 지난 과거가 모두 기쁘고 행복할 수 없기에 많은 사람들이 흘러간 아픔의 추억을 곱씹으며 힘겹게 살아가는지도 모른다.

이성 교제에서 실패한 사람들의 경우 지난날의 추억은 아픔과 괴로움이거나 악몽이기 쉽다. 그럴 경우 지난날의 안타까운 추억은 하루빨리 기억 속에서 지우는 것이 좋다. 그렇지만 대부분 그 사실을 알면서도 뜻대로 실천하지 못한다는 데 문제의 심각성이 있다.

한 30대 중반의 형제가 있었다. 그 형제는 수년 전 결혼할 자매가 있었지만 자매 집안의 반대로 결혼을 이루지 못하고 슬픔의 나날을 보냈다. 그 뒤로 주변 사람들의 소개로 여러 자매를 만났지만 번번이 깊게 교제하지 못하고 몇 번 만나다가 헤어지기를 반복했다. 주변에서 아무리 성화를 해도 막상 소개받는 자리에 나가면 상대방 옆에 이미 헤어진 과거의 자매가 떠올라 결국엔 새로운 관계를 진전시키지 못했던 것이다.

아무리 잊으려 해도 잊혀지지 않는 옛사랑의 그림자에서 벗어난다는 것은 여간 어려운 일이 아니다. 이처럼 이별의 아픔을 못 극복해 고통을 겪는 미혼 청년들이 우리 주변에 의외로 많다. 그들에게 아무리 새로운 사람을 떠밀어도 관계를 발전시킬 수 없는 것은 아직도 그 마음속에서 정리하지 못한 과거 사랑했던 사람과의 추억 때문이다. 그럴 경우엔 백약(百藥)이 무소용이듯 아무리 좋은 조건의 이성을 소개해 주어도 좋은 결실을 맺기 어렵다.

결혼으로 골인하기 위해 극복해야 할 장애 요소 중의 하나가 바로 이처럼 실패한 이성 교제의 경험이다. 누구나 이성과 만남을 갖고 교제하고, 그러다 헤어질 수도 있다. 그렇지만 사람마다 그 현실을 받아들이는 것이 다르기에 문제가 된다. 어떤 이는 곧바로 자리를 털고 일어서지만, 어떤 이는 계속 그 자리에 눌러앉아 자신의 처지를 비관하고 이미 헤어진 사람을 그리워하며 고통스런 세월을 보낸다. 그러나 정작 문제는 이미 지나간 과거를 되돌릴 수 없다는 데 있다. 문학이나 영화나 연극에서와 같이 아무리 예술적으로 미화시켜도 막상 자신이 그러한 현실에 처하면 결코 쉽게만 느껴지지 않을 것이다.

누군가를 사랑하며 결혼을 꿈꾸다 안타깝게 헤어질 수도 있는 일이다. 그렇지만 그 사실을 현실로 받아들이지 못했을 때는 심각한 후유증을 남긴다. 여전히 의식이 과거 그 사람과 교제했던 행복했던 순간에서 한 발짝도 벗어나지 못해 새로운 이성과의 교제가 불가능해짐은 물론 결국 결혼에 대한 기대감마저 상실할 위험성이 크다. 이러한 불행을 미연에 방지하기 위해서는 과거의 집착에서 벗어나는 힘겨운 과정을 거쳐 결혼할 만반의 준비를 갖춰야 한다. 하루속히 이별의 아픔을 극복하고 새로운 이성을 맞아들이기를 간곡히 부탁한다.

13

결혼 기도는 어떻게 하나요?

결혼에 어려움을 겪는 이들 가운데 침울한 감정에 휩싸여 젊음의 활력을 잃은 이들이 의외로 많다. 그렇게 맥이 풀리면 기도하기조차 버거워지고 갑자기 모든 것을 내팽개치고픈 충동에 휩싸이기까지 한다.

결혼 문제를 놓고 오랫동안 기도해 온 이들에게 아직 결혼의 응답이 없을 경우, 당사자는 물론 주변 사람들, 결혼 상담을 하는 필자도 곤혹스러울 때가 있다. 그렇지만 정확히 진단해 보면 이제껏 결혼 기도를 제대로 해 오지 못한 잘못 때문임을 발견한다. 그러기에 어떻게 하면 '결혼 기도'를 잘 할 수 있는지, 그리고 그 구체적 단계는 어떠한지를 말하고자 한다. 이제껏 오랫동안 자기 방식으로 결혼 기도를 해 왔을지라도 오늘 이 자리에서 일러 주는 방법대로 해 오지 않았다면 수정하고 주님의 응답을 체험하기 바란다.

한 30대 후반의 자매가 있었다. 그 자매는 20대에 선교사를 꿈꿀 정도로 주님께 헌신했고, 이제껏 교회 생활도 열심히 해 왔다. 결혼에 대해 기도로 많이 준비해야 한다는 말을 듣고 나름대로 결혼에 대해서도 많이 기도해 왔다. 그런데 아이러니컬하게도 그 자매는 마흔이 가까워진 나이임에도 아직 결혼을 하지 못했다. 그러다 보니 자꾸만 결혼을 놓고 기도하기 싫어지고 낙심이 되고 점차 부끄러워지기 시작했다. 하나님께 대하여 섭섭함과 실망감이 느껴졌다.

주변에서 여러 가지 조언과 충고와 비난 아닌 비난을 듣다 보면 자신도 모르게 침울해지고 서글퍼지며, 교회에 나가기조차 부담스러울 때가 자주 있었다. 그 자매는 누군가로부터 도움을 받길 원했지만 이제껏 어느 누구로부터도 속 시원한 도움을 받지 못해 가슴앓이 하다가 필자를 만나 도움을 받고는 너무나 속상해했다. 좀 더 일찍 그러한 도움을 받았으면 좋으련만, 이제껏 결혼 상담을 제대로 받아보지 못했던 것이 너무나 안타까웠다는 것이다.

이처럼 우리 주변에는 결혼 기도를 오랫동안 해 왔지만, 결혼을 응답받지 못함으로 낙심하고 지쳐 있는 미혼 청년들과 어떻게 하는 것이 올바른 결혼 기도법인지 알지 못한 채 우왕좌왕하는 미혼 청년들을 종종 보게 된다. 별로 기도도 하지 않는 주변의 교회 친구들이 쉽게 결혼하거나, 교회를 나오지 않는 불신 친구들마저 세상적으로 너무나 잘 결혼하는 모습을 보고는 억울한 생각이 들고 좌절감마저 느낄 때가 종종 있을 것이다. 그렇다면 그 형제나 자매가 이제껏 결혼 문제를 놓고 기도해 온 것이 아무런 효용이 없다는 뜻일까?

결코 그렇지 않을 것이다. 어쩌면 아직 '결혼의 때'가 안 되어 그 오랜 기도를 응답받지 못했거나 하나님께서 가르쳐 주시는 방법대로 결혼 기도를 해 오지 않았기 때문이다. 하나님께서는 결코 우리들의 결혼 기도를 외면하거나 묵살하시지 않고 우리들에게 이유 없이 결혼 못하도록 훼방하시지도 않는다. 어쩌면 우리가 그 결혼 기도의 응답을 받을 준비가 부족하기에 보류하고 계신지도 모른다.

이제껏 '결혼 기도'를 제대로 해 오지 않았거나 결혼 기도를 해 왔음에도 결혼의 문이 안 열려 낙심한 이들에게 다음과 같은 도움을 주니 참고하고 그대로 실천하여 결혼의 복을 선물로 받기 바란다. 아직 커플로 안 맺어진 싱글일 경우 올바르게 결혼 기도하는 법을 간략히 설명하면 다음과 같다.

1. 결혼 기도 노트'를 만들라

일단은 결혼 기도를 시작해야겠다는 결심이 서야 하고, 또 이제껏 막연히 큰 덩어리로 묶어서 매년 초에 "올해는 꼭 결혼할 거야!" 하는 식으로 결혼 기도를 해 왔다면 그런 주먹구구식의 결혼 기도를 탈피해 보다 구체적이고 체계적인 결혼 기도를 해야 하며, 이를 위해 '결혼 기도 노트'를 준비하고 작성하는 게 필수적이다. '결혼 기도 노트'를 쓸 결심을 굳혔으면 겉장에다 엄숙히 본인의 이름을 쓰고, 속장 첫 페이지에 본인이 결혼 기도의 응답을 받기에 가장 적합하다고 생각되는 성경 구절을 기도한 후 적어 넣어라.

2. '배우자 조건 리스트'를 구체적으로 작성하라

이는 결혼 기도 노트를 쓰기 시작한 날짜로부터 정확히 기록하고 변화되는 항목을 구체적으로 체크해야 함을 의미한다. 결혼 기도를 하면서 기도 내용을 대충 기록하지 말고 구체적으로 '원하는 배우자상'에 대해 기록해야만 한다. 또한 한 사람을 놓고 그 사람이 진정 하나님께서 예비하신 나의 짝인지 아닌지 알고 싶어서 결혼 기도를 시작할 경우에도 마찬가지이다. (참고로, 커플이 된 후 결혼 기도 노트를 쓰면서 확인을 받는 과정은 교제하는 상대방에 대해서 가급적 정확하고도 객관적으로 파악된 사실을 꼼꼼히 기록해야 하며, 그것을 놓고 주님께 계속 기도하며 점검받는 과정을 거치다 보면 하나님께서 주시는 응답을 분명히 받을 수 있다.)

3. 일주일에서 한 달 기간 단위로 결혼 기도 내용의 변화를 체크하라

어떤 사람에게는 매일매일 꼼꼼히 체크하는 것이 편할 수도 있겠지만, 가급적 일주일에서 한 달 기간 단위의 범위 내에서 기간을 정해 주도면밀히 구체적으로 체크해도 성령님의 인도하심을 충분히 경험할 수 있다.

4. 주님의 음성에 민감하라

앞서 언급한 대로 기도하는 가운데 주님께서 깨우쳐 주거나 포기하기 원하시는 항목이 있다면, 그리고 구체적으로 기도하는 그 사람에 대해서 내 기준이 아니라 주님의 시각으로 포기해야 하는 것이 있다면 과감히 포기하고 순종의 길로 들어서야만 한다. 그래야 주님으로부터 결혼의 응답을 명쾌히 받을 수 있다.

결혼 기도 노트를 써 가면서 기도하는 중에 새로운 만남의 가능성이 열리거나 주변에서 소개가 들어올 경우엔 겸손한 마음으로 주님께 물어보고 마음에 특별한 꺼림이 안 생기면 조심스럽게 만남을 가져 보아야 한다. 혹시 주님께서 사람을 통해서 내미시는 도움의 손길일 수 있기에 무조건 배척하거나 인간의 판단을 앞세워 거절하지 말고, 기도하는 마음으로 만남을 수용하고 받아들이기 바란다.

물론 그렇다고 한 번 만난 후 무조건 결혼을 결정해야만 한다는 강박증에 사로잡힐 필요도, 또 무조건 하늘에서 내 배우자감이 뚝 떨어질 것이라고 오매불망 기다리는 어리석은 사람이 되어서도 안 될 줄로 안다. 다만 겸손히 성령님의 인도하심에 민감히 반응하면서 하나님의 뜻이 어디 있는가를 겸손하고 진지하게 구해 보라는 뜻이다.

5. 기도하는 가운데 배우자 조건 리스트를 단순화시키는 과정을 거쳐라

만일 점점 기도할수록 배우자 조건이 까다로워지고 항목이 늘어난다면, 애초에 정확하고 솔직하게 기록하지 않았거나 형식적으로 결혼 기도 노트를 작성했기 때문이다. 만일 누구든지 하나님 앞에서 정확하고 정직하게 결혼 기도를 하고 그대로 기록하기만 한다면 반드시 그 과정은 단순화될 것이고, 그래야만 결혼의 때도 가까워지게 마련이다. 이 단계에서 끝까지 자기 의나 자기 판단, 자기 생각을 고집부리면 자칫 불순종의 길로 나아가기 쉽고, 결혼이 계속 지연되는 불이익을 받을 수도 있음을 유념해야 한다.

6. 성급히 포기하거나 서두르지 마라

금방 기도 응답이 없다고 QT하듯 해 온 결혼 기도 노트 쓰기를 중도에 중단하거나, 사람이 생겼다고 금방 확신을 갖고 서둘러 결혼으로 나아가서는 안 된다. 바쁠수록 돌아가라는 속담처럼, 조급해하지 않더라도 주님께서는 기도하는 사람에게 반드시 알맞은 때에 배우자감을 만나도록 해 주신다. 그러기에 기도의 줄을 놓쳐서는 안 되며, 결혼 기도 노트 작성의 수고를 회피해서도 안 된다(편의를 위해 컴퓨터를 이용한

결혼 기도 노트 작성은 무방).

참고로 결혼 기도 노트를 성실히 작성했을 경우 연령대별로 결혼의 응답을 받을 수 있는 때를 대략적으로 설명드리면, 20대 중반은 1년 반~2년 사이의 기간에, 20대 후반~30대 초반은 1년~1년 반 사이의 기간에, 30대 중반은 1년 전후의 기간에, 30대 후반~40대는 6개월 전후의 기간에 대체로 결혼에 대한 응답을 체험할 수 있다. 물론 사람에 따라 그보다 더 짧아질 수도 조금 길어질 수도 있겠지만 결혼의 응답은 분명함을 명심해야 한다.

7. 만남을 간절히 소망하라

앞서 말한 대로 순종하며 열심히 결혼 기도를 하고 결혼 기도 노트를 작성하여 새로운 만남을 갖길 기도했다면, 간절히 소망하는 마음을 잃지 말아야 한다. 결혼 기도 노트를 작성하는 도중에 하나님께서는 반드시 만남의 기회를 주신다. 그 기회가 내게 다가올 때 무심결에 놓치거나, 나만의 배우자 기준과 판단을 앞세워 기회를 걷어차고 또다시 광야 길에서 헤매는 시행착오를 반복치 말아야 한다. 만남을 간절히 소망하고 내게 다가오는 만남의 가능성에 마음을 활짝 열고 기다린다면 결코 그러한 우를 범치 않을 것이다.

8. 결단하는 용기를 가져라

그런 다음 점점 마음에 확신이 왔다면, 마지막 단계에선 결단하는 용기를 필요로 한다. 알면서도 불순종하면 소용이 없듯이, 하나님의 응답을 받기 위해서는 최종적으로 과감히 결단하는 용기가 필요하다. 끊임없이 망설이고 망설이며 더 좋은 사람이 나타날 것이라는 막연한 환상에 사로잡히면 그 사람은 결국 아무런 응답을 체험하지 못하게 되며, 행복한 결혼으로 인도받지 못한다.(이 단계를 거쳐 이성과 교제가 시작된다면 커플로 이뤄져 만남을 갖기 시작한 날부터 매 만남 일에 꼼꼼히 상대방에 대해 기록해야 한다. 상대방에 대한 솔직한 느낌과 호감과 비호감의 요소를 정확하고 꼼꼼하게 체크해야만 한다. 그런 식으로 계속 그 사람을 놓고 하나님께 기도하면서 만남을 갖는다면 누구라도 분명하고 객관적인 시각에서 하나님의 뜻을 발견하고 하나님의 응답을 확신할 수 있을 것이다. 보다 구체적인 내용을 알고 싶으면 필자에게 개별상담을 청하기 바란다.)

이 글을 읽는 모든 미혼 청년들에게 하나님의 축복된 응답이 임하기를 간절히 소망한다. 샬롬!

14

불신자와 교제하면 안 되나요?
- 불신자와의 결혼 5단계 -

한여름이 되면서 불가마 속에 들어온 듯 불볕더위로 고생이 극심하다. 에어컨 바람을 쐬어도 머리가 아프고, 선풍기로만 버티려 해도 머리가 지끈지끈하다. 이토록 만사가 귀찮아질 때면, 문득 산다는 게 무언가 싶은 의구심이 들기도 한다. 주님의 일을 하기 위해 태어난 '사명자의 삶' 운운해도 무더위에 탈진해 전신에서 기력이 떨어지는 것은 어찌할 수 없다. 더욱이 결혼 문제에서 시원한 해답을 찾지 못할 경우 미혼 청년들은 무더위보다 더한 내면의 갈등과 시험으로 극도의 고통을 경험할 수밖에 없다.

오늘날 한국 교회의 두드러진 현상 중 하나는 청년부마다 성비(性比)가 불균형 상태로 유지되며, 남자보다 여자가 월등히 높은 비율이라는 것이다. 일부 극소수의 교회를 제외하고는 대부분 형제들보다 자매들 비율이 월등히 높다. 그러함에도 불구하고 많은 교회에서 이러한 현상을 타개할 의욕을 잃고 현실에 안주하거나, 어쩔 수 없는 현실이니 체념할 수밖에 없다는 방임적 태도를 취하는 것을 볼 때 안타까움을 금할 수 없다.

일부 대형 교회에서 청년부원들이 활발히 움직이고 단기 해외 선교나 청년부 수련회를 통해 영적 재충전을 받고 헌신하는 모습을 보면 감격스럽기도 하지만, 그 이후로 그들에게 충분히 결혼에 대한 답을 제공치 못하고, 결혼의 기회를 점점 잃게 만드는 교회 시스템을 확인할 때면 안타까움을 넘어 절망감을 느끼기까지 한다.

일반적 기준에서 볼 때 결혼 적령기를 지난 나이로 결혼 상담을 받으러 오거나 결혼 세미나에 참석하는 미혼 청년들을 볼 때면 목회자로서 무거운 책임감과 죄책감이 들기까지 한다. 한국 교회의 패러다임을 변혁하지 않고는 오늘날 심각한 위기에 처한 한국 교회와 교회 청년부의 문제를 해결할 수 없다고 필자는 감히 단언한다.

필자는 이따금 불신자와 교제 중인 미혼 크리스천 청년들과 상담을 한다. 그런데 그들의 현실적 고민은 불신자와 교제하면서 느끼는 죄책감과, 만일 불신자와 교제가 가능하다면 불신자와의 교제를 어떻게 풀어가는 것이 성경적인 방법인지 몰라 고민이 된다는 것이다.

오늘날 교회 내 남녀 성비가 극심하게 불균형 상태인 것을 알고, 또 교회 내에서 건전한 이성 교제가 용이치 않음을 충분히 알고 있는 터라 무조건 그들을 비난하거나 나무랄 수는 없다. 그들에게 아무런 해결책을 제시하거나 도움을 주지도 않고 무조건 그들을 비난하거나 정죄한다는 것은 바리새인들의 외식과 진배없다.

오늘날 오랫동안 결혼 문제에서 고립되고 소외된 결과 결혼의 때를 놓쳐 버린 교회 청년들의 사무치는 원성을 익히 들어온 터라, 필자는 한국 교회가 이 문제의 심각성을 깨닫고 그들을 어떻게든 도와야 하며, 그들을 위한 결혼 세미나를 개교회이든 교회끼리 묶어 연합으로든 개최해야 한다고 보며, 결혼 문제를 풀어 주는 것이 사역이 아니라는 율법적 편견을 반드시 극복해야 한다고 감히 주장한다. 그 길만이 침체된 한국 교회와 교회 청년부를 활성화시키는 길이며, 헌신된 믿음의 가정을 세우는 지름길임을 믿어 의심치 않는다.

흔히 교회에서는 불신자와 교제할 때 무조건 백안시하거나 비난하는 태도를 취한다. 물론 틀리지 않지만 그렇다고 백 퍼센트 맞다고도 볼 수 없다. 앞서 말한 대로 교회 내에서 짝을 맞추기가 어려운 현실적 여건 때문이다. 이럴 경우 무조건 기도만 하라고 한다거나, 오랫동안 기도하면 좋은 짝을 만나 결혼할 수 있다고 하는 달콤한 조언은 자칫 돌이킬 수 없는 위험을 초래할 가능성이 크다. 이럴 땐 주님께서 가르쳐 주신 대로 비둘기처럼 순결하되 뱀처럼 지혜로워야 한다고 생각한다.

교회의 사명은 하나님 나라의 확장이다. 그런데 오늘날 한국의 크리스천들의 의식 속에 현실에 안주하려는 그릇된 경향이 엿보인다. 이대로가 좋다면, 훗날 교회는 점점 교회 울타리에 갇히게 되어 복음의 전사(戰士)들이 아니라 복음의 오합지졸들을 양산할 위험성이 크다. 물론 결혼 문제는 아주 특별한 케이스의 문제이기에 아무렇게나 접근해도 된다는 얘기는 전혀 아니다. 다만 결혼 문제를 전향적으로 해결할 한 방도로서 불신자와의 결혼 문제를 무조건 금기시(禁忌視) 하기보다 성경적 원리에 따라 지혜롭게 접근해 보자는 것이 내 솔직한 입장이다.

일단 불신자와 사랑에 빠지면 주변에서 반대할수록 더욱 크게 반발하고 심지어 교회에도 발길을 끊는 경우가 있기에, 필자는 그러한 형제자매를 먼저 포용하고 감싸 주는 태도가 필요하다고 본다.

필자는 다음의 다섯 단계를 거칠 경우 제한적으로 불신자와의 교제에서 결혼까지를 허용할 수 있다고 보며, 실제로 그들에게 다섯 단계를 거쳐 결혼할 수 있다는 가능성을 열어 놓을 경우, 오히려 그들이 더욱 성경의 원리에 충실하게 되고 결혼 전에 불신자를 주님께로 인도할 수 있으리라고 감히 주장한다. 만일 이러한 접근을 결혼 후로 미룬다면 결코 좋은 성과를 거둘 수 없으며, 불신 남편과 아내를 주님께로 인도하는 것은 결혼 전의 노력과 시간보다 몇 배 또는 몇 십 배 더 버거운 일임을 무수한 사례를 통해 확인할 수 있다.

결론적으로 불신자와 교제하고 결혼에 이르는 5단계를 말하면 다음과 같다.

1. 복음의 수용 태도(수용성)와 기독교에 대한 호의적 태도를 점검하라

만일 어떤 불신자가 기독교인인 형제나 자매를 배우자감으로 삼고 싶어 지인을 통해 소개를 받고 싶어 하거나 스스로 접근할 경우, 일단 그 사람이 기독교에 대해 어떠한 태도를 갖고 있고, 얼마나 호의적인가를 먼저 살펴보아야 한다. 이 단계에서 마음의 준비가 충분히 안 되어 있거나, 그럴 마음이 전혀 없는 사람이라면 당연히 그러한 제안을 거절하거나 피하는 것이 바람직하다.

2. 복음을 제시하라

일단 불신자와 만나 호감을 느끼고 교제를 시작할 경우, 어느 정도의 시간이 경과하면 반드시 복음을 제시해야만 한다. 만일 상대방이 마음에 든다 해서 상대방의 눈치만 보거나 상대방의 비위나 맞추려 할 경우, 차라리 결별할 각오를 하고 원점에서 새롭게 출발해야만 한다. 처음 불신자와 만나 교제를 시작하려 했던 애초의 동기를 망각하고는 결코 불신자를 주님께로 인도할 수 없기 때문이다.

3. 교회에 출석시키라

만일 복음을 제시했을 때 순순히 받아들이고 수용한다면, 일단 배우자감으로 가능성이 있음을 믿고 보다 적극적으로 교회 출석을 권면해야 한다. 만일 이 단계에서 섣불리 결혼을 결정하거나 교회 출석을 주저할 경우 훗날 후회할 위험성이 크기에 결코 타협의 자세나 서두르는 자세를 취해서는 안 된다. 그러나 반드시 본인이 출석하는 교회에 출석시키는 것이 좋은지는 신중한 판단이 요구되며, 융통성 있는 접근이 필요하다 하겠다.

4. 유예 기간을 두고 숙고하라

불신자에게 복음을 전하고 교회에까지 인도했다고 모든 것이 해결된 것은 아니다. 결혼을 목적으로 크리스천과 교제하는 불신자일 경우, 아무리 순수한 동기로 출발했다 해도 속사람까지 금방 변화되기는 어렵다. 그렇기에 그 사람의 진실이 어떠하고 속마음이 어떠한지를 확인해 볼 필요가 있다.

그러기 위해서는 당연히 시간이 필요하며, 그 기간은 처음 교제를 시작한 시간부터 따져 최소 6개월에서 1년 정도를 두어야 한다. 그렇게 유예 기간을 두고 교제하는 가운데 자연스레 성령님의 인도하심을 받을 수 있으며, 주님으로부터 그 사람에 대한 응답을 체험할 수 있을 것이다. 그 기간 동안에 상대방 스스로 물러서거나 본인의 마음이 닫히거나 불편해질 경우 주님께서 허락하신 배우자가 아닐 수도 있기에 신중에 신중을 기해야만 한다.

5. 주변 사람들의 인정과 칭찬을 받는지 체크하라

교회에 출석하면서 교회 성도들과 어울리게 할 경우 자연스레 그 사람의 진면목이 드러나게 되며, 주변 신앙의 선배나 목회자의 조언에 귀 기울일 경우 충분히 상대방에 대해 파악할 수 있을 것이다. 만일 여러 사람의 칭찬과 신뢰를 받는 사람이라면, 그는 이미 더 이상 불신자가 아니며 크리스천으로 변화된 사람이기에 배우자로 고려해도 무방할 것이다.

이 글이 불신자와의 교제와 결혼을 놓고 고민하는 미혼 크리스천 청년들에게 조금이나마 도움이 되기를 바라며, 행여나 불신자와의 교제와 결혼을 가볍게 생각하거나 무조건 백안시하는 극단적 태도를 버리고, 성령님의 인도하심에 따라 신중하고 지혜롭게 교제를 시작하고 이어가기를 바라며, 반드시 5단계의 과정을 거쳤을 경우에만 결혼이 가능함을 깨닫고 첫 단추부터 잘 꿰어야 한다. 만일 그만한 각오와 결단할 자신이 없다면, 처음부터 섣불리 덤벼서도 안 되며 고려해서도 안 될 것이다.

3부

결혼의 장애물

15

결혼이 두려워요!

- 부모의 부정적 영향 -

어느 날 별안간 뜨거워졌다 급격하게 식어버리고, 그러다 또다시 언제 그랬냐 싶게 차분해지고, 그러다 어느 순간 또 한 번 격하게 요동치는 마음의 동요. 사람들은 그것을 연애 감정이라고 하기도 하고, 또는 사랑의 열병이라고 칭하기도 한다.

그런데 필자가 이제껏 미혼 청년들과 결혼 상담을 하면서 경험한 것은 의외로 많은 미혼자들이 결혼을 두려워하고 있다는 사실이었다. 물론 그 비율은 형제들보다 자매들 쪽이 더 높다. 누구나 결혼을 열망하고 결혼을 꿈꾸며 산다고 일반적으로 생각하겠지만, 막상 결혼하지 않은 미혼 청년들과 대화하다 보면 뜻밖에도 결혼이 큰 부담과 고민거리, 더 나아가 두려운 일이라는 고백을 듣게 된다. 그로 인해 이제껏 이성 교제마저 제대로 경험하지 못한 채 관념적으로 결혼을 막연히 꿈꾸어 온 미혼 청년들이 실재한다는 사실은 결혼이 단순히 이성(異性)과의 만남의 차원에서만 풀 수 없는 수수께끼임을 말해 준다.

그러한 이들에게 단순히 만남의 기회를 많이 갖게 하거나 이성을 소개해 준다고 쉽사리 결혼의 문이 열리는 것은 결코 아니다. 그러한 경우엔 그 사람이 왜 결혼을 두려워하는지 그 근본 원인을 먼저 살펴보아야 한다. 그래야만 그 사람을 실제적으로 도울 수 있기 때문이다. 어떤 미혼 청년이 결혼을 두려워할 경우 그 원인은 여러 가지이며 복합적이다. 그 중 먼저 부모의 부정적 영향으로 인한 경우를 살펴보고자 한다.

필자가 상담한 30대 초반의 한 자매를 예로 들고 싶다. 그 자매는 겉보기에 행복해 보이고 발랄한 모습이라 형제들이 많이 접근하는 편이었다. 그렇지만 그 자매는 형제와 교제가 깊어지면 질수록 형제의 접근이 두려워지고 부담스러워 스스로 멀어지거나 일방적으로 관계를 끊는 일을 여러 번 반복하였다. 이제껏 여러 형제들과 이성 교제를 해온 듯하지만, 막상 뚜껑을 열어 보니 결혼을 진지하게 고민하며 제대로 교제한 경우가 없었다. 그 이유가 궁금해 가족사(家族史)를 물어보니 예상대로 부모님이 행복한 부부 생활을 하지 못한 케이스였다.

이럴 경우 일반적으로 자매든 형제든 미혼 청년들은 결혼에 대해 부정적 인식을 갖기 마련이다. 가장 아름답고 행복하고 선망되어야만 할 결혼이라는 꿈이 어릴 적부터 어두운 색깔로 덧칠해져 도무지 기대할 수 없는 상황으로 전락해 버리고 만 것이다.

만일 이 글을 읽는 미혼 청년 중에 이러한 사례일 경우 하루빨리 부모님의 부정적 영향으로부터 벗어날 필요가 있다. 스스로의 힘으로 극복이 어려우면 하나님께 기도하여 그 질곡(桎梏)으로부터 속히 벗어나야 한다. 만일 그렇지 않을 경우 결혼 문제가 의외로 장기간 안 풀릴 수도 있기 때문이다.

앞서 언급했던 자매의 경우엔 부모님의 결혼 생활이 겉보기에 아주 심각할 정도로 불화를 일으키진 않았다. 가끔 언성을 높여 말싸움을 벌이는 정도의 수준에서 갈등이 원만히 수습되곤 했던 것이다. 그렇지만 정작 그 자매에게 결혼에 대해 부정적 영향을 끼친 것은 그 자매 아버지의 엄격하고 무서운 태도였다. 평상시엔 잘해 주다가도 한 번 실수라도 저지를 경우 눈물이 쏙 나올 정도로 크게 혼쭐이 나고, 그로 인해 아빠가 더욱 무서워지고 두려워지는 악순환이 반복되었던 것이다.

그 결과 그 자매는 남자에 대해 막연한 두려움을 갖게 되었고, 그토록 엄격한 아빠 밑에서 억눌린 채 살아가는 엄마가 불쌍해 보였다. 어느 결에 자기도 결혼하면 아빠와 같은 남자에게 억압받을지도 모른다는 강박증을 가지게 되었던 것이다.

그 자매의 불안의 원인을 알아내고 나니 오히려 그 자매가 측은하게 여겨졌다. 다른 상담 사례와 비교해 별로 심각한 정도가 아닌데 그런 문제로 지나치게 억압되어 왔다는 생각과, 다른 한편 그 자매가 남자와 결혼에 대해 이렇게까지 부정적으로 인식토록 만든 그 아버지에 대한 안타까움이었다. 물론 그 자매는 기질적으로 내향적이었고, 온실 속의 화초처럼 심약했고, 예민한 성격의 소유자였다. 그렇지만 경제적으로 좋은 환경은 그 자매에게 별다른 유익을 가져다주지 못했고, 오히려 그 자매가 더욱 나약해지도록 부추겼던 것이다.

그 자매에게 솔직히 아빠가 밉냐고 하니 그렇지는 않다고 했다. 오히려 아빠를 사랑한다고 했다. 그런데 왜 아빠가 두렵냐고 하니 자신도 잘 모른다고 하는 것이었다. 이처럼 엄한 아버지 밑에서 자란 아이는 성인이 되어도 심리적으로 그 통제력에서 벗어나지 못하기 때문에 잘못 길들여지고 왜곡된 아버지상(像)에 갇히고, 더 나아가 결혼 문제에서도 장애를 겪게 되는 것이다.

마음속으로는 간절히 결혼을 소원하는데 막상 결혼하려고 맘먹으면 이상하게 심장이 두근거리고 남자들이 두려워지고 아버지의 기대를 충족시켜 드릴 자신이 없어 주저하고 움츠러들게 되는 것이다. 이 자매의 경우엔 이러한 증상이 아주 심했다. 그래서 이제껏 제대로 된 이성 교제를 해 본 경험이 없었고 결혼까지 생각하며 교제했던 남자가 한 사람도 없었던 것이다. 이러한 사람이 만일 여러분 주위에 있다면 어떻게 조언을 해 줄 것인가? 누군가 이처럼 부모님의 원만치 못한 결혼 생활과 엄한 아버지의 영향으로 막연히 결혼을 기피하거나 두려워한다고 꼭 동일한 처방을 내릴 수는 없지만, 그래도 경험적으로 다음 몇 가지 조언이 유효하리라 본다.

1. 부모님, 특히 아버지를 용서하라

물론 어머니도 마찬가지다. 먼저 자신에게 부정적 영향을 미치고 알게 모르게 상처를 준 부모님을 마음속으로 용서하지 못하면 계속 그 쓴 뿌리가 결혼의 장애물로 기능하기 때문에 시급히 정리되어야만 한다.

2. 남자에 대한 인식과 태도를 바꾸라

그동안 부정적으로 고착화되고 일그러졌던 남성상(像)을 깨뜨리지 못할 경우, 앞으로 어떤 남자와 만나 교제하든 일정한 단계 이상으론 발전하지 못할 것이기 때문이다. 이제껏 아빠라는 색안경을 통해 이해되고 길들여졌던 남성상이 전부가 아니고, 그것만이 진실이 아니라는 사실을 깨닫는 것이 무엇보다도 중요하다. 그런 다음에야 자연스럽고 진지한 교제의 문이 열릴 것이기 때문이다.

3. 자신의 왜곡되고 일그러진 자아상을 벗어나라

얼마든지 남자로부터 사랑받기에 합당한 존재라는 사실을 받아들이고 자신을 스스로 용납하는 것이 중요하다. 대부분 결혼을 두렵게 여기는 미혼 청년들의 경우 과거의 거절감이나 부정적 기억으로 인해 자신을 학대하거나 체념하거나 스스로 비하하거나 지나치게 자신의 주변 환경을 부정적으로 인식하는 경향이 강하기에 자신을 귀하게 여기고 있는 그대로 사랑하는 태도가 중요하다.

4. 결혼을 꿈꾸라

지금까지 결혼이라는 행복의 무대를 어두운 커튼으로 막아 놓았었다면, 이제 그 장막을 활짝 열어젖히라는 것이다. 결혼은 누구든 마음껏 꿈꿀 수 있는 행복의 무대이다. 이제껏 보아 왔던 그 어느 누구보다도 더 아름답고 행복하며 가치 있는 결혼 생활을 누릴 권리와 자격이 각자에게 주어진 것이다.

그것을 이제껏 모르고 놓친 채 살아왔다면 그것은 여러분의 불행이다. 이제껏 결혼에 대해 어떤 부정적인 것을 보았고 어떤 험한 말을 들었든, 행복한 결혼은 바로 당신의 차지가 될 수 있고, 그것은 바로 당신의 권리라는 사실이다. 이 사실을 믿고 과감히 결혼의 무대 위로 뛰어오른다면 여러분의 미래는 낙관적이지만, 만일 그래도 못 미더워 무대 아래서 결혼을 지나치게 두려워하거나 막연히 동경만 한다면 당신은 결코 무대 위의 주인공이 되지 못할 것이다.

자, 이제 당신은 어떻게 할 것인가? 여전히 결혼을 두려워하기로 작정할 것인가? 아니면 이제 더 이상 결혼을 두려워하기보다 기대하고 소망하며 마음의 무겁고 어두운 그늘을 훌훌 털어버릴 것인가? 어쩔 수 없이 아직도 싱글인 바로 그대에게 찬란한 새 길이 하루속히 열리길 간절히 소망한다.

16

결혼이 부담돼요!

- 열등감과 내적 상처 -

자연만물엔 때가 있다. 그 때를 잘 분별해 순리로 나아가야지, 역리(逆理)로 나아가다간 큰 낭패를 보기 쉽다. 그런데 오늘날 많은 미혼 청년들이 자신의 나이(결혼할 때)를 잊고 결혼을 방관하고 있다는 데 큰 문제가 있다. 그 문제의 원인이 여러 가지라 한 가지 처방만을 제시할 수는 없다. 각 사람의 처한 형편과 처지에 맞는 도움을 주어야 하기에, 결혼을 주저하거나 기피하는 이들을 무조건 속단해서 비난하거나 질책해서는 안 된다. 결혼을 두려워하는 또 다른 장애 요소는 열등감과 내적 상처다. 말 못할 자신만의 고민으로 인해 결혼을 기피하는 이들이 여기에 해당되며, 이들을 돕기 위해서는 먼저 그들을 이해하는 마음과 태도가 필수적이다.

한 30대 중반의 형제와 결혼 상담을 했다. 그 형제의 고민은 자신의 처지가 너무 열악해 결혼할 엄두가 안 나 고민이 된다는 것이었다. 가난한 집안에서 태어났고, 어릴 적부터 배고픔을 겪고 간신히 검정고시로 고등학교까지 나온 처지라 집안의 도움을 전혀 받을 수 없는 처지였다. 더욱이 그는 키까지 작아 열등감이 컸다. 그럼에도 불구하고 그는 교회에서 만난 한 자매와 교제를 하게 되었고, 1년 정도의 교제 기간 동안 변함없이 자신에게 친절히 대해 주는 그녀에게 호감을 느끼고 결혼할 마음까지 먹었는데, 막상 그녀 앞에서 움츠러드는 자신 때문에 고민이라는 것이다. 더욱이 자매의 집안 어른들에게 인사하러 갈 생각을 하니 식은땀이 날 정도로 두렵고 부담이 된다는 것이었다. 도저히 자신감이 안 생겨 어떻게 하면 좋겠냐고 고민을 하소연하는 그의 표정이 무척 어두웠던 것을 기억한다.

만일 당신이라면 그 형제에게 뭐라고 조언을 하겠는가? 그런 어리석은 생각을 버리고 무조건 믿음으로 나아가라고 권면하겠는가? 아니면, 네 분수를 알고 그만 단념하라고 매몰차게 조언하겠는가?

필자 역시 그 형제에게 조언을 하기가 무척 어려웠다. 그러나 중요한 것은 당사자들이기에 하나씩 차근차근 얼마나 서로 신뢰하는 관계인지를 점검해 보았고, 그래도 어느 정도 가능성이 엿보여 자신감을 갖고 하나님께 기도를 하라고 권면했다. 이럴 때 우리를 도와줄 수 있는 분은 오직 하나님 한 분밖에 없다는 사실을 상기할 필요가 있다. 아무리 불가능한 환경이라 판단되어도 하나님 편엔 길이 있다. 이처럼 결혼을 앞두고 열등감으로 인해 고민하는 미혼 청년들이 많지만 자신의 문제를 하나님의 방법대로 풀어가는 이들이 의외로 적다. 일생일대의 최대 고비 앞에서 자신의 힘만 믿다가 맥없이 좌절하거나 하나님의 도우심을 전혀 기대치 않고 중도에서 포기하는 이들이 많다는 것이다. 이는 잘못된 행동이며 너무나 안타까운 선택이다. 우리에게 아무리 불가능하게 보이는 문제라 하더라도 주님 앞으로 가져가면 주님께서 해결해 주시리라는 믿음을 포기해서는 안 된다.

자신이 느끼는 열등감에 짓눌리지 말고, 그 열등감마저 주님 앞에 내려놓고 도우심의 손길을 구한다면 놀라운 응답을 체험할 수 있다. 그 열등감의 원인이 열악한 가정 형편 때문이든, 학력이 모자라서든, 외모가 부족해서든, 어쨌든 그러한 콤플렉스를 극복해야만 한다. 그렇지 않으면 결코 자신 있게 결혼의 문(門) 안으로 들어설 수 없을 것이다.

또 20대 후반의 한 자매와 결혼 상담을 했었다. 그 자매의 고민은 남자와 만나기가 두렵고, 또 만나도 제대로 남자의 눈과 마주치기가 두렵다는 것이었다. 그 자매는 언제나 거울을 볼 때 자신의 튀어나온 얼굴 광대뼈가 몹시 수치스럽고 열등하게 느껴진다는 것이었다. 언제부터 그랬냐니까 어릴 적부터 친구들에게 놀림을 받다가 자신도 모르게 열등감이 깊어졌고, 지나치게 외모 콤플렉스를 느낀다는 것이었다. 그랬기에 이제껏 남자들을 제대로 자신있게 사귀어 보지도 못하고 혼자서 고민을 해 왔다는 것이었다.

외적으로 콤플렉스를 느낄 정도로 광대뼈가 심하지 않아 보였지만 이미 그렇게 단정 짓고 스스로를 못난이로 자학해 온 터라 그 문제를 하루아침에 해결할 수는 없었다. 그렇지만 일단 그러한 부정적 자아 인식 태도는 극복되어야 한다. 누구나 이성(異性) 앞에서 당당할 때 더욱 매력적이듯이, 아무리 성형 수술을 했다 하더라도 당당한 마음의 태도와 자신감이 없으면 아무 소용이 없지 않겠는가.

결혼에 대해서 적당히 부담감을 가지는 것은 바람직한 일이다. 그만큼 결혼을 진지하게 생각하며 결혼 문제에 접근하고 있다는 반증이니까. 그렇지만 결혼을 무작정 두려워하거나 결혼이라는 현실을 있는 그대로 받아들이지 못하고 계속 움츠러들거나 도망치는 형제, 자매가 있다면 그 사람은 결코 행복한 결혼으로 인도받을 수 없다. 결혼을 하고픈 갈망과 욕구는 넘치는데 자신의 현실이 그에 훨씬 못 미친다고 판단될 때에도 결혼이 두려워질 수 있다. 그럴 때에는 자신의 기대치와 눈높이를 조금 낮추는 것이 필요하다. 너무나 극단적으로 비약하거나 비하하는 것 모두 결혼에는 독약(毒藥)이다. 결혼은 어느 정도의 모험이 내포돼 있지만 그렇다고 두렵고 공포스런 것만도 아니다. 지나치게 환상적이지도 않다. 다만 결혼은 우리 모두에게 선물로 주시는 하나님의 축복일 뿐이다. 그렇기에 너무 걱정할 필요도 너무 흥분해서도 안 된다.

하나님은 우리에게 모든 것을 적당히 주셨다. 우리 각자의 달란트가 다르듯, 얼굴 생김도 다르고 자라 온 가정 환경도 성장 배경도 모두 다르다. 그 다름은 얼마만큼 인정하고 받아들이고 극복하느냐가 관건인데, 그것을 스스로 극복 못했을 경우 많은 이들이 콤플렉스에 시달린다. 물론 그렇다고 그들의 고통과 어려움과 고민을 폄하하는 얘기는 결코 아니다. 일단 그러한 사실을 어떻게 승화시키느냐가 행복한 결혼으로 나아가는 지름길이기에 조언했을 뿐이다. 누구든 남의 아픔을 그 사람만큼 공감할 수는 없겠지만, 그렇다고 그 아픔에만 갇혀 원점에서 맴도는 이에게 새 길을 제시하는 것도 결코 나쁘다고는 볼 수 없을 것이다. 아무쪼록 열등감과 여러 내적 상처로 인해 결혼에 대해서까지 마음 문을 닫고 있는 이들이 있다면, 이 글을 통해 조금이나마 도움을 받기 바라며 속히 진리 안에서 자유를 누리길 간절히 기도한다.

17

결혼이 부끄러워요!

- 이 성 교 제 실 패 -

오늘날처럼 자유분방한 사회에서 미혼 청년들이 외계인(外界人)처럼 세상 흐름을 거스르고 순결을 유지한 채 살아가는 것은 대단한 인내와 결단과 뼈아픈 눈물을 각오해야 하는 일인지도 모른다. 그렇기에 크리스천 미혼 청년들은 이렇게 사회가 흔들리고 사람들이 비틀거리고 함부로 이성과 교제하며 육체를 방종하는 분위기에서 고군분투하며 힘겨운 싸움을 싸우고 있다. 그러다 그러한 싸움에 지쳐 그만 유혹에 넘어가거나 분위기에 휩쓸려 큰 실수를 저지르기도 한다. 그러한 사건을 겪는다 해도 불신자와 크리스천의 태도는 확연히 차이가 나기에, 크리스천들에게 더 큰 상처와 후유증을 남기게 마련이다.

얼마 전 이성 교제의 실패를 경험한 30대 초반의 자매와 결혼 상담을 했다. 그 자매는 호감을 느낀 한 남자와 만난 지 얼마 안 되어 결혼을 약속했고 그만 상대방 남자가 원하는 대로 성관계를 맺고 말았다. 그런데 문제는 그 후로 그 형제가 집안 어른의 반대를 이유로 관계 정리를 요구했다는 것이다. 이미 넘지 말아야 할 선을 넘었기에 그 자매는 당연히 그 형제와 결혼할 것이라는 순진한 생각을 먹었지만, 그 형제는 자매의 요구에도 불구하고 그만 결별을 선언해 버렸던 것이다. 그 이후로 그 자매는 남자로부터 버림 받았다는 초라한 생각과 자신이 이미 순결을 잃어버린 불결한 여자라는 자책감, 그리고 아직도 떠나버린 그 남자를 잊지 못해 괴로워하는 자신으로 인해 고민에 고민을 거듭했던 것이다. 모든 것을 깨끗이 잊고 새 출발하면 좋으련만 언제나 그 남자와 자신의 처지가 밟혀 주저할 수밖에 없었다는 것이다. 결혼할 새 남자를 갈망하면서도 막상 그런 남자가 다가오면 자신이 부끄럽고 죄책감과 미련으로 인해 선뜻 결혼을 결정 못하다 그만 결혼 기회를 거듭 놓치고 말았다는 것이었다.

오늘날 우리 주변엔 여러 다양한 이성 교제 실패의 원인으로 결혼에 장애를 겪는 미혼 청년들이 의외로 많다. 굳이 남녀를 구분 지을 필요 없이 그것은 일반적이며, 개개인의 성격과 기질에 따라 그 정도에서 차이가 난다. 이성 교제를 깊게 했든 얕게 했든, 오래 했든 짧게 했든, 상대방으로부터 버림당했든 상대방을 버렸든 관계없이 이성 교제를 실패했을 때에는 그 후유증이 남게 마련이다.

필자가 어릴 적에 보았던 엘리아 카잔 감독의 영화 "초원의 빛" (Splendor in the Grass)이라는 영화에서 나탈리 우드(윌마)가 워렌 비티 (버드)와 헤어지고 돌아오는 마지막 슬픈 장면이 눈앞에 생생하다.

여기 적힌 먹빛이 희미해질수록
당신을 향한 마음이 희미해진다면
난 당신을 잊겠습니다
초원의 빛이여
꽃의 영광이여
다시는 그것이 돌려지지 않는다 하더라도 서러워 말지니
차라리 그 속 깊이 간직한 오묘한 힘을 얻으소서
초원의 빛이여
그 빛 빛날 때 그대 영광 빛을 얻으소서.

  그 영화는 끝났지만 우리들의 삶은 아직 끝나지 않았다. 슬픔의 눈물로 모든 것을 포기하고 주저앉기엔 우리들의 미래가 너무나 창창하다. 이 글을 읽는 미혼 청년들 중에 지난날 실패한 이성 교제로 인해 아직도 고통을 겪는 이들이 있다면 모든 것을 잊고 새 출발하기 바란다. 주님께 모든 것을 털어놓고 용서함을 받음과 동시에 용서해 주고 새 출발하기 바란다. 아무리 고통스럽고 힘들더라도 과거의 사슬을 끊어버려야 하며 일어서서 힘차게 주님만 바라보고 미래로 나가야만 한다. 그래야만 우리 앞에 새로운 결혼의 기회가 다가오며 축복된 결혼의 문이 활짝 열릴 것이다. 부디 주님께로부터 오는 구원의 손길(새로운 이성의 접근)을 뿌리치지 말고 주님께 감사하며 닫힌 마음의 문을 활짝 열기 바란다.

18

결혼이 어려워요!

- 까다로운 자기 기준 -

　　많은 미혼 청년들이 결혼을 갈망하면서도 실제로 결혼에 어려움을 겪는 모습을 보면 의아할 때가 한두 번이 아니다. 저렇게 나이가 꽉 찼고, 저토록 결혼을 간절히 원하는데도, 아직껏 마땅한 배우자를 만나지 못해 고생하고 있나 싶어 안쓰럽고 측은하게 느껴지기까지 한다. 그렇지만 필자는 이제껏 많은 미혼 크리스천 청년들과 결혼 상담을 해 오면서 적잖은 실망과 답답함을 경험했다. 처음 그들의 고민을 안타까워하며 어떻게든 도와주려는 순수한 마음과 그들의 간절한 도움의 손길을 쉽사리 뿌리칠 수 없어 그들에게 다가갔지만, 슬프게도 그들로부터 배신감마저 경험했던 적이 한두 번이 아니다.

　　처음 그들이 도움을 요청하러 왔을 때에는 겸손하고 애처로우리만치 유약하고 여기가 마지막 기회인 것처럼 절박한 심정을 호소했지만, 막상 그들에게 객관적으로나 신앙적으로 어울려 보이는 배우자감을 소개시켜 주고 났을 때에는 전혀 딴판으로 행동하는 경우가 많았기 때문이다. 결혼 상담을 통해 미혼 청년들이 자신의 솔직한 배우자 기준을 밝혔다고 그들의 말을 액면 그대로 믿었다가 나중에 당황스러웠던 경험은 미혼 청년 사역자나 결혼 상담사, 일반 커플 매니저와 동일할 것이다. 이것은 누가 더 이 일에 전문적이거나 노하우가 많은가라는 차원의 문제가 아니라, 미혼 청년들에게 그만큼 배우자 기준이 까다롭고 이중적이라는 것을 암시하기 때문이다.

처음엔 웬만한 상대면 소개해 달라지만 막상 소개해 주고 나면 전혀 맘에 들어 하지 않거나 "나를 그 정도 수준으로밖에 생각하지 않습니까?"라는 식으로 반응하는 경우가 많다. 그만큼 그들의 배우자 기준이 다면적이면서도 다층적이며 자신이 정한 기준을 쉽사리 포기 못하는 경향이 농후하다는 반증일 것이다.

언젠가 한 30대 중반의 자매와 결혼 상담을 한 적이 있다. 그 자매 또한 처음엔 나이를 걱정하며 별다른 기준을 내세우지 않고 웬만한 남자라면 만나보겠다고 했다. 그래서 그 자매의 수준과 어울리는 형제를 소개시켜 주었지만 그 이후의 반응은 전혀 딴판이었던 것을 기억한다.

또 얼마 전 한 30대 후반의 형제와 결혼 상담을 하고 기도한 후 성심성의껏 소개시켜 주었다. 그러나 매한가지였던 것을 기억한다. 그들이 표면적으로 내세우는 이유를 한꺼풀 벗겨 보면 소개받은 사람이 자기가 바라는 배우자 기준에 맞지 않는 이성(異性)이었다는 것이다. 그러면서도 그들이 결혼하기 어렵다고 푸념하며 한숨까지 내쉬는 것을 어떻게 해석해야 할까.

물론 그것을 전적으로 잘못됐다고 비난하거나 틀렸다고 말할 수는 없을 것이다. 우리 인생에서 가장 중요한 배우자를 정하는 일을 함부로 결정하거나 섣불리 선택할 수도, 또 맘에 들지도 않는 사람을 억지로 내 아내감이나 남편감으로 고려할 수도 없기 때문이다.

그렇지만 정작 중요한 것은 이런 부류의 미혼 청년들 대부분이 자신의 분수를 모른 채 지나치게 까다로운 배우자 조건을 앞세우고 있다는 것이다. 자신보다 훨씬 나은 세상 조건과 영적 조건을 겸비한 배우자를 원하고 있기에 오늘날 많은 미혼 크리스천 청년들이 결혼에 응답을 못받고 계속 시행착오를 되풀이하고 있다는 것이 필자의 솔직한 판단이며, 그럴 때마다 결혼 사역에서 허탈감을 느끼며 회의를 품곤 한다.

필자는 오늘날 미혼 크리스천 청년들이 배우자를 고르는 조건이 어떤 면에선 오히려 일반 비기독교인들보다 더 까다롭고 복잡하며 세상적 기준에 좌우되고 있다고 말하고 싶다. 왜냐하면 미혼 크리스천 청년들이나 그 부모들이 세상적 조건도 좋고 신앙적인 면도 좋은 사람을 찾고 있기 때문이다. 겉으론 아닌 척하지만, 막상 그들과 깊이 상담한 후 소개시켜 주고 나면 속마음이 적나라하게 드러날 때가 많다(현재는 그래서 결혼 세미나 교육을 우선시하며 일대일 소개를 안 해 주고 있다.). 그들은 쉽사리 어느 한 가지를 포기하기보다 양쪽 모두를 충족시켜 주는 사람을 이상적 배우자로 꼽고 있기 때문에 더욱 선택에 어려움을 겪고 결혼을 힘들어하고 있는지도 모른다. 이는 어떤 면에서 불신자들보다 더 까다롭고 인간적인 욕심을 앞세우는 태도가 아닐까.

일반인들은 그나마 세상적인 기준에서 어느 한 가지 조건이라도 좋으면 그래도 긍정적으로 생각하고 받아들이지만, 크리스천들은 신앙적이고 영적인 면도 좋고 세상적 조건도 좋아야 한다는 식의 이중적 선택 기준과 잣대를 갖고 있다. 그렇기 때문에 더욱 결혼에 어려움을 겪는 것이다.

필자는 세미나를 통해 "결혼할 때면 그 집안의 신앙 밑천이 모두 드러난다."고 담대히 선포한다. 아무리 숨기려 해도 그 집안의 신앙 이력과 배경과 밑천이 있는 모습 그대로 드러날 수밖에 없다는 뜻이다. 이러한 이중적이고 세상적인 시각을 극복해야만 하나님께서 기뻐하시고 인도하시는 결혼을 선물로 받으리라 본다. 물론 이것은 그렇게 간단한 일도 아니며, 누구에게나 어려운 선택의 문제이고 또 함부로 판단하거나 비난할 수도 없는 문제임을 누구보다도 잘 안다. 그렇지만 그렇다고 이 문제를 나 몰라라 할 수도 없기에 이 자리를 빌어 간곡히 호소하는 것이다.

제발 내 배우자와 내 자녀의 배우자를 고르고 선택함에 있어서 하나님의 뜻을 먼저 물어보라고 말이다. 그리고 하나님께 전적으로 의탁하고 인도함을 받으라고. 아무쪼록 이 글을 읽는 모든 미혼 크리스천들에게 깊은 성찰과 주님의 복된 응답이 이루어지기를 간절히 소망한다.

19

결혼이 귀찮아요!

- 계시와 영성 우선주의 -

　미혼 청년들의 결혼 문제로 화제를 돌려 요사이 교회 안을 들여다 보면 적령기에 결혼하지 못하고 혼기를 놓친 미혼 청년들이 너무나 많다. 그들이 모두 자신의 잘못 때문에 그렇게 결혼을 제때 하지 못해 힘들어하고 있다고는 볼 수 없다. 그들의 잘못을 꾸중하기 이전에 오늘날 교회 내의 잘못된 구조적 문제를 먼저 짚지 않을 수 없다. 교회의 크기를 막론하고 청년부 내에 성비(性比)가 불균형 상태인 것은 물론, 교회 청년부에 출석하거나 출석치 못하는 미혼 청년들에게 충분히 결혼에 대해 준비할 시간과 기회를 제공치 못하고 있기 때문이다. 그런데 안타깝게도 오늘날 주님께 헌신하는 청년들 가운데서도 상당수가 결혼 문제에 어려움을 겪고 있다. 교회 내 남녀 성비(性比)가 압도적으로 형제보다 자매가 높은 구조적 원인 탓도 있지만, 일부 믿음이 좋고 헌신적인 미혼 크리스천 형제, 자매들 가운데 결혼을 가볍게 여기고 심지어 귀찮아하는 모습까지 보이는 이들이 있기 때문이다.

그들의 속마음을 한 꺼풀 벗겨 보면 결혼은 언젠가 때가 되면 하는 것이고, 특별히 준비하지 않아도 주님께 이토록 헌신하는 내게 가장 좋은 배우자를 응답해 주실 것이라 생각한다. 주님으로부터 은밀히 받은 계시로 인해 그 어느 누구보다도 결혼을 잘 할 자신이 있는데 굳이 지금부터 신경을 쓸 이유가 뭐란 말인가?

물론 그렇게 말하는 그들을 이해 못하는 바는 아니다. '먼저 그의 나라와 그의 의를 구하라'(마 6:33)는 주님의 말씀대로 살다 보면, 주님께서는 때로 헌신하는 우리들에게 그처럼 좋은 믿음의 배필을 허락해 주시기도 한다. 그렇지만 그러한 세상적 기준의 축복이 모든 사람에게 공평하게 임하지 않는다는 데 문제가 있다. 왜냐하면 믿음도 좋고 세상 조건도 뛰어난 자매나 형제들이 교회 내에 그리 많지 않기 때문이다. 믿음은 좋지만 세상 조건이 열악한 이들이 많고 세상 조건은 좋지만 믿음이 형편없는 사람이 더 많은 것이 현실이다. 그러나 설령 그러한 사람이 가까이 있다 해도 모든 이에게 그 사람의 배우자가 될 자격이 주어지는 것도 아니다.

이처럼 양극단을 오가는 듯한 미혼 크리스천 청년들의 결혼 문제를 고민하다 보면, 도저히 풀 수 없는 난제처럼 여겨질 때가 많다. 믿음이 부족하고 덜 헌신적인 청년들은 그래도 겸손한 태도와 스스로 부족함을 쉽게 인정하는 편이다. 그러나 믿음 생활을 잘 한다고 칭찬을 듣는 이들 가운데서 은연 중 자신이 최고이며 자신만큼 주님께 칭찬받는 사람이 없다는 자부심과 우월감이 대단한 이들을 발견한다. 교회 내에서만 보면 절대로 나쁜 것이 아니고 오히려 부러워해야 할 덕목이다. 그러나 실제의 삶 속에서나 결혼할 배우자감으로서 볼 때 그렇지 못하면 아이러니와 괴리감을 경험하게 된다. 왜 저처럼 믿음 좋고 헌신적인 형제, 자매들이 아직 결혼하지 못했을까? 그 이유가 대체 뭐란 말인가?

주님께 헌신할수록 더 좋은 조건의 배우자를 만나 행복하고 멋진 결혼을 보장받을 수 있으리라는 생각은 믿음을 가장한 탐욕과 허황된 신데렐라의 꿈으로 판가름 나기 쉽다. 주님께서는 우리들에게 헌신의 대가로 꼭 세상적 기준으로 화려하거나 내 입맛에 꼭 맞는 상대를 배우자로 주시지는 않기 때문이다. 하나님은 종종 우리들에게 우리의 기대와 판이한 길로 인도하시고 그러한 배우자를 만나 결혼하도록 이끄신다.

그런데 정작 문제는 결혼할 배우자를 선택하는 것이 대단히 어렵고 혼란스럽다는 것이다. 믿음도 좋고 조건도 좋은 상대를 배우자로 만나 행복하게 결혼할 꿈을 꾼다는 것 자체가 나쁜 일은 결코 아니지만, 그것이 대부분 자신의 눈높이에 맞춰 이루어지지 않고 자신보다 높은 눈높이에서 이루어지기 때문에 어려움이 큰 것이다. 아무리 주님께서 만남의 기회를 주고 결혼할 가능성을 열어 주셔도 오직 골방에서 기도만 하거나 한 번 외적 조건을 흘끔 살펴보고는 거들떠보지도 않는다면, 주님의 마음이 얼마나 아프실까를 생각해 보아야 한다. 주님의 간절한 소원과 배려를 외면하고 결혼을 귀찮아하는 듯한 태도를 취한다면 더더욱 안 되지 않을까?

하나님께서는 우리들에게 결혼에 대해 보다 철저한 준비를 원하시고 주님께서 인도하시는 배우자와 만나 결혼하길 원하신다. 그렇다고 우리들의 의지를 전적으로 부정하시지도 않는다. 문제는 하나님의 뜻을 올바로 깨닫는 것이다. 결혼의 목적을 단지 이 땅에서 둘만의 부유하고 행복한 삶을 사는 데에 두지 않고 하나님과 이웃을 더 잘 섬기고 하나님께 영광 돌리는 가정을 세우는 데 두는 것이 필요하다.

결혼의 과정이 조금 힘들더라도 마냥 귀찮아할 것이 아니라, 그만한 수고와 땀을 필요로 하는 소중하고 고귀한 삶의 한 과정임을 깊이 깨달아야 한다. 아무쪼록 이 글을 읽는 미혼 크리스천 청년들에게 더 늦기 전에 가을 하늘과도 같이 화창한 소식이 임하길 간절히 소망한다.

20

얼굴 때문에 고민이 돼요!

요즘 우리 사회를 돌아보면 외모에 대한 지나친 맹신(盲信) 현상을 목도한다. 얼굴이 잘생기고 아름다우면 무조건 호감을 느끼고 상대방을 과신(過信)하는 현상이 팽배하고, 얼굴이 조금 못 생기거나 맘에 안 들면 은근히 비하하고 무시하는 태도가 비일비재하다. 그러기에 입사 시험에서도 좋은 인상과 평가를 얻기 위해 성형수술을 하고, 결혼 배우자를 고를 때에도 얼굴 생김새를 최우선적으로 고려하는 이들이 점점 늘어가고 있다. 물론 이는 어제 오늘의 일도 우리나라에만 국한된 현상도 아니지만, 요즘 우리 주변을 돌아볼 때 심각한 우려의 수준에 다다랐다는 느낌이다.

이 땅에 아름다움을 창조하신 이는 하나님이시다. 인간 또한 창조주의 형상을 입었기에, 아름다움에 대해서 본능적으로 이끌리는 것은 매우 자연스러운 현상일 것이다. 그런데 주님께서는 우리들에게 단지 얼굴만을 중시하거나 겉으로 드러난 모습만을 절대시하지 말라고 교훈하셨음을 아울러 잊지 말아야 한다.

삼상 16:7에 보면 "여호와께서 사무엘에게 이르시되 그 용모와 신장을 보지 말라 내가 이미 그를 버렸노라 나의 보는 것은 사람과 같지 아니하니 사람은 외모를 보거니와 나 여호와는 중심을 보느니라"라고 기록되어 있다. 사울왕의 뒤를 이을 왕을 이새의 집안에서 뽑을 때 사무엘 선지자를 통해 하나님께서 주셨던 말씀이다. 그래서 결국 왕의 풍채로 손색없어 보이는 맏형 엘리압이나 둘째형 아비나답, 셋째형 삼마 같은 이들을 제치고 여덟 째 아들인 다윗이 이스라엘의 왕으로 기름부음을 받았던 것이다. 오늘날 외모에만 치중하고 있는 우리들에게 값진 교훈을 주는 말씀이지만, 우리는 여전히 우리의 편견적 사고와 심미적(審美的) 시각을 포기하지 않으려 하기 때문에 문제가 복잡한 것이다.

얼마 전 한 삼십 대 초반의 자매와 결혼 상담을 했다. 그 자매는 얼굴이 무척 어둡고 자신이 없는 듯 눈을 똑바로 쳐다보지 못했다. 찬찬히 그 자매의 외모를 살펴보니 키가 작은 편에 눈이 작고 몸이 약간 비만의 체형이었다. 미혼 형제들이 첫눈에 호감을 가질 만한 외모는 아니었기에 조심스레 고민의 내용을 확인해 보았더니, 예상대로 남자들이 자기를 매력적으로 안 봐 고민이라는 것이었다. 그래서 자포자기의 심정으로 지내며 음식을 폭식하다 보니 몸이 많이 불어났고, 이젠 결혼이 가능할지조차 걱정이 된다는 것이었다.

이 자매와 같이 자신의 외모 때문에 콤플렉스를 갖고 고민하는 형제자매들을 우리 주변에서 종종 보게 된다. 오늘날 너나없이 얼굴 예쁜 사람을 선호하는 '얼짱 신드롬'으로 인해 어린아이부터 어른까지 외모에 대해 과민 반응을 보이고, 외모지상주의로 점점 빠져 드는 현상을 보게 된다. 그러다 보니 성형 수술을 대수롭지 않게 생각하고 오히려 자랑하는 지경에까지 이르렀다. 과거 일부 연예인들의 전유물이었던 성형 수술은 오늘날 남녀노소를 불문하고 돈만 있고 마음만 먹으면 누구든지 가능하고, 자신이 원하는 얼굴형으로의 탈바꿈이 기술적으로 매우 수월해졌다. 그러다보니 점점 얼굴 성형에 대한 요구가 증폭하고 계속 확대 재생산되고 있는지도 모른다.

그렇지만 우리는 차제에 주님의 뜻이 어디에 있는지 한 번쯤 되돌아볼 필요가 있다. 우리 크리스천들이 먼저 이러한 문제에 솔선수범하고 모범이 되어야 하는데, 현실이 꼭 그렇지 않다는 데 문제의 심각성이 있다. 우리 크리스천 청년들도 이러한 문제에서 예외가 아니기에 한편으로는 답답하기도 조심스럽기도 하다. 중요한 것은 우리 크리스천 청년들이 먼저 올바른 배우자상을 정립하고, 단순히 외모만을 중시하는 것이 아니라 사람 됨됨이와 인품과 내면의 가치를 더욱 중시하는 모습을 보여 주었으면 하는 바람이다. 왜냐하면 결혼 배우자의 덕목 중 가장 중요한 것이 겉으로 드러난 미모나 몸매나 재력이나 학벌이 아니라, 그 사람 자체의 고유한 내면의 가치와 성품, 그리고 신앙심이라고 믿기 때문이다. 앞서 예시한 상담자의 문제점을 통해 모든 미혼 크리스천들이 교훈을 받았으면 하는 것이 필자의 솔직한 바람이며, 그 자매의 문제점은 크게 다음 네 가지로 요약할 수 있다.

1. 이 자매는 자신에 대한 장점을 발견하려는 노력이 부족했다.

그러다 보니 남들과 비교하고 스스로 열등감에 빠져 자신만의 장점을 개발하려는 의욕마저 꺾였던 것이다.

2. 이 자매는 결혼에 대한 소망이 간절했지만, 남자의 시선을 의식하는 선에서 맴돌기만 했다.

다시 말해 자신이 정말 남자의 눈길을 의식해 남자의 눈에 들려는 정성스런 노력을 기울이지 못하고 자신감을 잃고 그만 자포자기해 버렸다는 것이다.

3. 이 자매는 결혼을 할 때 상대방의 외모만으로 결정하려는 위험성을 스스로 자각치 못하고 있다.

만일 이성 교제를 해 오는 중 몇 번 거절의 경험이 있다고 그 원인이 단지 외모만이라고는 볼 수 없기 때문이다. 그 외의 어떤 원인으로 인해 상대방에게 실망을 주었거나, 결별 원인을 제공했을 수도 있다. 아울러 자신 또한 상대방의 외모만을 중시해서 만남을 가졌을 수도 있기에 스스로를 재점검해 볼 필요가 있다고 본다.

4. 이 자매는 자신이 하나님께 존귀한 사람이며 이 땅에 사랑받기 위해 태어난 사람이라는 사실을 잊어버리고 있기에, 그 점을 시급히 회복할 필요가 있다.

어느 누구든 나와 하나님과의 관계가 깊으면 깊을수록, 인간들의 평가나 판단에 일희일비하지 않게 된다. 아무리 남들이 뭐라 해도 주님께 사랑받는 고귀한 존재라는 확신이 강하다면 대수롭잖게 넘길 수도 있는 문제이다. 결혼 문제도 주님께서 반드시 해결해 주실 것이라는 믿음이 흔들리지만 않는다면 정한 때에 반드시 결혼의 복을 선물로 받을 것을 믿어 의심치 말아야 하리라.

사랑하는 미혼 크리스천 청년들이여! 그대들이 지금 결혼을 고려하며 이성을 대할 때 가장 중시하는 면이 무엇인가? 솔직히 외모만을 절대시하고 있지는 않는가? 나의 배우자를 외모만으로 평가해서는 실수할 위험성이 크기에, 상대방의 감추어진 장점도 아울러 보는 지혜가 필요하다. 홀로 있을 땐 미숙하고 불완전해 보이던 사람도 결혼하고 나면 안정되고 훌륭한 모습으로 변모하는 것을 주변에서 종종 보게 된다. 이는 바로 사랑의 힘 때문이며 주님의 은혜가 임했기에 가능한 일이다.

아무쪼록 나의 부족함을 자학하거나 원망치 말고, 나의 발견되지 않은 장점을 개발하고 스스로 아름다움을 가꾸는 데 가일층 노력하길 바란다. 얼굴이 남들보다 부족해도 얼마든지 행복한 결혼을 할 수 있으며, 그것은 전적으로 자신의 태도에 달렸다는 사실이다. 이 글을 읽는 낙심한 미혼 크리스천 형제, 자매들에게 행복한 결혼의 축복이 임하길 간절히 소망한다.

21

결혼의 영적 장애와 그 극복법

우리나라의 결혼 문화는 지나치게 조건 중심적이고 현시(顯示)적이고 물질적인 면에 치우쳐 있다. 결혼을 마치 시장의 물건을 흥정하듯 성혼시키는 속칭 '뚜쟁이 문화'가 엄연히 존재한다. 그로 인해 세칭 성공적 결혼 스토리는 그 허황됨을 증폭시켜 왔고, 지금도 많은 이들을 암암리에 그릇된 길로 이끄는 길잡이 역할을 하고 있다.

'소경이 소경을 이끌면 둘 다 구덩이에 빠진다'(마 15:14)는 예수님의 엄위한 경고가 있음에도 불구하고 오늘날 교회 내의 결혼 문화가 세상 결혼 문화와 별 차이 없이 혼재되어 있음은 심히 안타까운 일이다. 오늘날 교회 내에도 믿음이나 성격, 또는 신앙 인격보다 외적 조건을 중시하는 흐름에 따라 결혼을 단지 화려한 결혼식에만 초점을 맞추는 풍조가 엿보인다.

목사님을 주례로 모셨다 뿐이지 일반인들의 결혼식과 별 차이 없이 치러지는 수많은 결혼식은 우리 시대의 슬픈 자화상이다. 엄숙하고 경건한 '결혼 예배'라는 생각보다 번듯한 '결혼식'이라는 생각에 사로잡히다 보니 오늘날 크리스천 가정에서도 이혼율이 높아 가는 추세다. 물론 어쩔 수 없는 상황에 따라 부득불 갈라설 수밖에 없는 크리스천 가정이 있을 수도 있겠지만 대부분은 잘못된 결혼관과 결혼 풍조로 인한 영향 때문이기 쉽다.

미리 결혼 전에 올바른 성경적 결혼관을 정립하고 내게 적합한 배우자상을 정립하고, 하나님의 인도하심에 따라 내게 가장 적합한 배우자를 만나 하나님과 증인들(목사님을 비롯한 많은 하객) 앞에서 엄숙히 결혼 예배를 드렸다면 쉽사리 이혼으로 치닫지는 못했을 것이다. 문제는 드러난 비극적 이혼의 결과가 아니라, 드러나지 않은 결혼 이전 교제 기간에서의 불충분한 준비와 섣부른 선택이라고 본다. 이는 물론 하나님 중심보다는 사람 중심의 생각과 신앙이 원인이며, 신앙의 뿌리가 약한 결과이기도 하다.

우리 크리스천들은 결혼 문제에서 영적인 가치와 세상 가치를 별개의 문제로 인식하려는 이원론적 태도를 경계해야만 한다. 일반인들이 추구하는 세상 결혼 문화를 그대로 답습하면서 좋은 외적 조건의 아내와 남편, 며느리와 사위만을 기대하고 또 그것을 부추긴다면 어쩌면 주님께로부터 책망 받을지도 모르는 일이다. 우리는 다시 한 번 가슴에 손을 얹고 주님께서 진정 원하시는 이 땅의 결혼 문화가 무엇인지에 대해 진지하게 고민해 보아야 한다.

내 아내와 남편감, 내 사윗감과 며느릿감에 대한 세상적 통념을 과감히 떨치고 진정 주님께서 내게 주시고자 하는 배우자가 누구인지, 내 자녀의 배우자로 누구를 예비하셨는지 진지하게 고민하며 기도해야 하는 것이다. 그래야만 이 땅의 혼탁하고 어지러운 결혼 문화에 휩쓸리지 않고 오히려 부패하고 일그러진 결혼 문화를 변혁시킬 수 있다. 세상 조건만을 고려하여 내 맘에 드는 배우자를 아직 만나지 못해 결혼을 못하고 있다는 것은 안타까운 일이며, 주님께 깊이 회개해야 할 일이다.

오늘날 한국 교회 안에는 결혼에 어려움을 겪는 미혼 청년들이 의외로 많다. 세상에서도 조건 중시 풍조와 만혼(晩婚) 풍조와 불혼(不婚) 풍조와 성 모럴의 붕괴 등으로 인해 미혼자들이 점점 늘어나고 있지만, 교회 안에서도 그와 비슷하거나 또 다른 영적 이유로 결혼을 꺼려하는 미혼자들이 대단히 많다. 어떤 면에선 극단적 이유를 앞세우는 듯 보이는 그들의 첫 번째 장애물은 잘못된 직통 계시가 아닌가 생각한다.

일반인보다 영적으로 앞서며 우월하다고 자부하는 사람들이 이러한 함정에 곧잘 빠지는 것을 본다. 그들은 결혼 문제를 누구와도 상의하지 않고 하나님과 단둘이서만 풀려고 한다. 어느 누가 그 사이에 끼어들려고 하면 극도의 경계심과 배척하는 태도를 취하며 스스로 고립된 길을 취하는 것이 이들의 특징이다. 그렇게 자신의 결혼 문제에 대해 아무도 손 못 대게 한 결과 만혼으로 접어들고 결혼할 소망을 잃고 뒤늦게 후회의 눈물을 흘리는 경우를 교회 안에서 자주 본다.

그러나 이는 영적으로 뛰어난 사람들 모두 그렇다는 뜻이 아니라, 그런 사람들이 종종 믿음과 헌신과 선교를 강조하는 사람들에게서 발견된다는 것이다. 스스로 힘으로 얼마든지 결혼 문제를 풀 수 있다고 오만하게 굴다가 결국 자신의 원하는 때에 원하는 사람과 결혼하지 못하게 될 경우, 대부분의 미혼자들은 극도의 좌절감과 버림당한 심정으로 곤두박질친다. 사람들로부터의 배척과 멸시는 이미 익숙할 대로 익숙해 있는 상태지만, 그토록 헌신했고 충성했던 하나님으로부터의 배척과 무관심과 무응답은 그 사람을 미치도록 만든다.

'도대체 내가 뭘 잘못했다는 말인가?', '하나님께서는 왜 내게 아직까지 결혼의 문을 열어 주시지 않는 것일까?', '왜 하나님은 믿지 않는 불신자들이나 나보다 믿음이 형편없는 사람들은 쉽게 결혼을 허락해 주시면서 왜 내겐 이토록 가혹하시단 말인가?'

끊임없이 다가오는 의문과 원망과 상실감은 경험해 보지 않은 사람은 모를 것이다. 그렇지만 만일 그렇게 불만을 터뜨리고 회의하는 그 당사자가 정작 하나님의 마음을 모르고 엉뚱하게 불평만 늘어놓고 있다면 어떻게 해석해야 할까? 하나님은 결코 미혼 청년들을 결혼하지 못하도록 골탕 먹이시지도 결혼하길 간절히 원하는 저들의 기도를 외면하시지도 않는다. 문제는 다만 그들이 잘못된 영적 계시를 받고 그것을 악착같이 고수하고 있기에 결혼에 장애를 겪고 있는 것이다. 이러한 원인을 구체적으로 설명하면 다음과 같다.

1. 자기 기만의 덫

이렇게 영적인 문제로 결혼에 어려움을 겪고 있는 미혼 청년들의 첫 번째 근본 원인은 개인의 욕심을 자신의 열성적인 신앙생활이나 영성(靈性)으로 기만하거나 포장하고 있다는 것이다. 그렇게 하나님께 충성을 다했고 영적으로 남들보다 앞서 있다고 스스로 자부하는 사람들이기에, 자신의 근본 결함이나 잘못에 대해 귀가 어둡기 쉽다. 여간해선 남들의 이야기에 귀를 기울이지도 않고, 자신의 아집을 쉽게 꺾지도 않는다. 결혼하지 못한 것이 아니라 안 하고 있다는 자기기만으로 스스로

위안을 삼고, 심지어 결혼하지 않고 혼자 살겠노라고 섣부르게 주변 사람들에게 공언하기까지 한다. 외부의 압력이 가중될수록 그는 더욱 영적 전쟁에 임하는 군사처럼 강인해지고, 외부의 적들에 대해 극도로 예민해지고, 스스로에게도 가혹하리만치 엄격해지기에 결혼 문제는 더더욱 복잡해지고 해결 불가능의 길로 빠져 들게 마련이다.

2. 착시 현상의 오류

두 번째 영적인 어려움을 겪는 근본 원인은 착시 현상 때문이다. 우리가 아는 '기하학적 착시 현상'이 신앙인에게도 존재하며, 특별히 미혼 크리스천들에게도 엄연히 존재한다. 오래도록 결혼 문제가 풀리지 않을 때 미혼 크리스천들이 종종 빠지는 혼란은 바로 그와 같은 영적 착시 현상이다.

기하학적 착시 현상이 가르치는 교훈은 우리 눈의 부정확성과 오류이다. 그러함에도 불구하고 많은 사람들이 자신의 눈을 절대적으로 신뢰하며, 자신의 판단을 하나님의 판단보다 앞세우며, 결혼 문제를 하나님보다 자신이 더 잘 안다고 착각을 일으킨다. 이사야 55장 8~9절 말씀은 그러한 우리들에게 통렬한 깨달음을 주며, 미혼 크리스천들에게도 예외가 아니다. 만일 결혼 문제가 오래도록 풀리지 않고 있다면, 그 사람은 속히 자신이 잘못된 착시 현상에 이끌려 시간을 낭비해 오지 않았나 점검해 볼 필요가 있다.

하나님의 뜻은 언제나 나의 뜻과 일치하지도 않고, 하나님의 생각과 내 생각도 동일하지 않다. 그렇기에 내가 바라는 배우자상도 하나님의 뜻에 비추어 맞는지 틀린지 점검해 보아야 하는 것이다. 그런데 많은 미혼 크리스천 청년들이 자신과 하나님 앞에 정직하지 못한 모습으로 착각을 하며 그릇된 길을 가는 것을 보게 된다. 자신의 진면목을 정확히 꿰뚫고 자신의 분수를 알며 자신에게 가장 어울리는 배우자를 선택하려기보다, 남들과 비교해서 좋아 보이고 자신의 수준 이상의 사람을 만나는 것을 오랜 기도 응답의 대가라고 꿈꾸며 시간을 낭비하고 있다는 것이다.

물론 하나님의 축복권 속에서 그러한 일이 가능할 수도 있고 또 그러한 간증을 종종 접하기도 하지만 그것이 일반적이지 않다는 데 문제가 있다. 일반 계시와 특별 계시, 일반 은총과 특별 은총이 구별되듯, 내결혼 문제도 다른 사람의 결혼 문제와 전혀 다르게 풀릴 수 있음을 더 늦기 전에 깨달아야 한다. 내가 이제껏 보고 경험한 주변의 결혼 성공 사례들이 내 것과 동일시될 수도, 아닐 수도 있음을 깨닫고 얼른 정신을 차려야 한다는 것이다.

그러나 교회 내 만혼(晚婚)의 미혼 청년들에게 그보다 더 심각한 것은 아직도 자신과 결혼할 미혼 상대방이 많이 남아 있을 것이라는 착시 현상이다. 늘 하나님과 가까이 교제하다 보면 성령으로 충만해지고, 현실 감각을 잃고 사는 것이 몸에 익고 습관화되기 쉽다. 현실 감각을 잃고 착각 속에서 살 때 주님의 경고에 둔감해지고 소홀해지는 데 문제의 심각성이 있다. 하나님께서 여러 경로를 통해 무수히 경고의 나팔을 불어도 들은 체 만 체하는 미혼 청년들은 뒤늦게 쓰라린 후회의 눈물을 흘릴 위험성이 크기에 속히 영적인 착시 현상과 둔감성에서 깨어나 결혼의 문을 열심히 노크해야만 한다. 만일 이 글을 읽는 당신이 바로 이러한 곤경에 처한 사람이라면 지금부터라도 더 늦기 전에 하나님으로부터 다가오는 도움의 손길을 거절치 말기 바란다.

22

부모로 인한 결혼 장애와 극복법

결혼에 어려움을 겪는 미혼 청년들과 상담하면서 발견하는 또 다른 장애물은 부모로 인한 악영향이다. 이 말은 얼핏 내 자녀를 그 누구보다도 사랑하고 아끼는 부모의 입장에서 기분 나쁘게 들릴 수도, 또 선뜻 동의하기도 쉽지 않은 문제일 수도 있다. 그러나 유감스럽게도 미혼 청년들 중 일부에선 엄연히 이러한 문제로 결혼을 두려워하거나 회의하거나 기대하지 않던 일들이 실제로 벌어지고 있는 것이 현실이다. 그렇다면 이 문제의 근본 원인과 그 극복 방안이 무엇인지 구체적으로 살펴보도록 하겠다.

1. 지나치게 엄하거나 다정다감한 부모로 인한 악영향이다.

필자가 얼마 전 한 30대 후반의 자매와 결혼 상담을 했었는데, 그 자매는 아빠를 너무나 좋아하고 사랑해서 그 동안 이성과 제대로 교제를 해 보지 못했고 심지어 이성의 필요성을 피부로 느끼지 못했던 것을 기억한다. 이럴 경우엔 그 부모와 자녀 모두에게 잘못이 있지만 이제껏 어느 누구도 그것을 깨닫지 못했다는 데 문제가 있다.

내 자녀를 아끼고 사랑하는 것은 부모로서 당연한 일이지만 자녀가 성장하고 결혼 적령기가 되어도 너무 가까이 곁에 두려거나 밀착해 있으면 오히려 그것이 내 자녀의 결혼에 걸림돌이 될 수 있다는 실례이다.

또 얼마 전 한 30대 중반의 형제와 결혼 상담을 했었다. 그 형제는 지나치게 엄한 아버지 밑에서 어릴 적부터 짓눌려 살아와 자신감이 결여되어 있는 것을 보았다. 매사에 자신감이 없다 보니 이성에게도 가까이 다가가지 못하고 교제다운 교제를 이제껏 한 번도 해 보지 못했다는 것이다. 언제나 친구 정도의 교제권에서만 어울렸을 뿐, 이성과 결혼할 마음을 먹고 교제하지 못한 탓에 아직도 결혼이 멀게만 느껴졌던 것이다.

이처럼 우리 주변엔 본의든 본의가 아니든 부모의 악영향으로 인해 결혼에 어려움을 겪는 미혼 청년들이 있음을 유념하고 그들을 올바른 길로 이끌어 주어야 한다.

2. 부모가 부부 싸움을 하거나 건강한 부부의 모델이 되지 못함으로 인한 악영향이다.

어릴 적부터 부부 싸움이 심한 부모 밑에서 자란 아이는 성장해도 그 후유증을 심하게 앓는다. 늘 싸우고 폭력까지 휘두르는 부모를 지켜본 자녀는 결혼에 대한 꿈과 기대감을 잃기 쉬우며 그 잘못된 습성을 답습하기 쉽다. 대부분의 사람들이 선망하는 결혼을 부러워하거나 결혼하려 노력하지 않고 아무런 생각 없이 시간을 보내다 보면 나이를 훌쩍 먹게 되어 결혼이 더욱 어려워지고, 결국엔 자포자기하는 경우까지 생기게 된다.

주변에서 아무리 결혼하라고 성화해도 선뜻 마음이 움직여지거나 행동으로 옮겨지지 않고 싱글로 제자리 뛰기만 반복하는 것은 사실 그 당사자만의 문제라기보다 그 부모의 잘못된 부부 생활에 기인하는 것이다. 비록 그렇게 심한 정도는 아니지만 부부 관계가 원만치 않거나 부모가 행복한 부부의 모습을 보이지 못할 경우에도 그 자녀가 결혼에 대해 확신을 갖지 못하는 경우가 있다.

필자가 상담한 또 다른 30대 초반의 자매는 고부 갈등을 심하게 겪는 와중에 부부 싸움이 잦았던 부모 밑에서 자랐는데, 자신도 모르게 결혼이 두려워지고 부담스러워 이성과 교제를 하면서도 결혼을 현실로 받아들이지 못하는 어려움을 겪고 있다고 호소하였던 것을 기억한다. 이미 마음속으로는 엄마를 힘들게 했던 할머니를 용서했고 엄마를 든든히 지켜 주지 못한 아빠마저 용서했지만, 왠지 결혼에 자신이 없다는 것이었다.

이처럼 갈등이 있거나 다투는 부모의 모습은 그 자녀들에게 치명적인 악영향을 끼칠 수 있음을 유념하고 행복한 가정, 아름다운 부부의 모습을 자녀들에게 보이도록 가일층 노력해야 한다.

3. 부모의 지나친 간섭으로 인한 악영향이다.

부모님, 특히 어머니들이 자식의 결혼 문제를 좌지우지할 경우 그 자녀들은 결혼 문제에서 대단히 소극적이 되며, 부모의 지나친 간섭이 오히려 독(毒)이 될 경우가 많다. 자녀의 결혼 문제가 쉽게 풀리지 않을 경우 그 부모가 먼저 한 발짝 자녀 결혼 문제에서 물러서야 하지만, 대다수 한국 부모들은 조급하고 불안한 마음에 더 깊이 개입하게 되며 이러한 경향은 크리스천 가정이라고 해도 예외가 아니다.

그렇지만 결혼은 하나님께서 주권적으로 개입하시는 영역이며 결혼을 계기로 부모는 내 자녀를 기꺼이 떠나보낼 마음의 준비와 정신적 준비를 갖춰야 하는 것이다. 그럴 경우 자녀의 배우자 선택 문제에서도 보다 유연성을 가지며 내 자녀의 선택을 신뢰할 수 있다. 무엇보다도 하나님께서 주관하심에 대한 믿음이 생기게 된다. 그러나 그와 정반대로 부모가 자녀의 결혼 적령기가 되어도 자녀의 결혼 문제에 지나치게 개입할 경우 자녀들이 반발할 수도, 결혼의 기대감을 아예 포기할 위험성도 있음을 알아야 한다.

필자가 상담했던 한 자매의 사례도 마찬가지다. 그 자매는 나이 서른 살에 아주 착한 심성을 갖고 있었다. 그렇지만 신앙에서 결벽증이 느껴질 만큼 엄격한 엄마와 수도 없이 마찰을 빚다 보니 아예 결혼에 대한 의욕이 꺾이고 만 것이다. 그토록 열성적이었던 엄마의 신앙생활의 결과가 납득되기는커녕 오히려 불신되고 불만스러워졌던 것이다. 사업을 하던 그녀의 엄마는 돈을 벌어 자신에게 먹이고 입히기는커녕 교회에다 몽땅 갖다 바치고 생판 모르는 사람들에게 무조건 나누어 주었던 것이다.

그러한 모습을 어렸을 때부터 보고 자란 그 자매는 신앙에 열심인 크리스천 형제에 대해 생리적인 거부감을 갖게 되었고, 교회 생활에만 매여 살까봐 두렵고 고리타분하게 느껴졌던 것이다. 엄마가 입이 닳도록 칭찬하며 추천한 형제들은 모두 그녀에게 거북스럽고 마음에 안 와

닿았으며, 소개를 받고 돌아올 때마다 엄마와 극심하게 마찰을 빚었던 것이다. 그렇게 엄마와 마찰을 빚는 횟수가 늘어나자 그 자매는 아예 엄마가 추천한 남자와는 절대 만나지 않겠노라고 속으로 굳게 다짐했고, 급기야는 엄마와 팽팽한 긴장 상태를 유지하면서도 부모의 뜻을 거역하는 자신이 괴로워 어찌할 바를 모르는 딜레마에 빠졌던 것이다.

이러한 사례는 모양과 형태가 다를 뿐 우리 주변에서 흔하게 접하는 일이다. 더 이상 관계가 악화되거나 내 자녀의 결혼에 걸림돌을 놓는 악순환의 고리를 끊기 위해서는 부모가 먼저 자신의 잘못을 깨닫고 한 발 물러서야 한다.

내 자식이 결코 내 소유물도 아니요, 내 자녀의 결혼 문제가 내가 바라는 방식대로만 해결될 수도 없음을 깨닫고 하나님께 온전히 내어맡기는 자세가 필요하다. 그래야만 내 자녀도 그 부모도 하나님의 선한 인도하심을 경험할 수 있을 것이다. 아무쪼록 이 글을 읽는 모든 이들에게 주님의 위로와 결혼의 응답이 임하길 간절히 소망한다.

23

이성 교제 실패로 인한
결혼 장애와 그 치유법

결혼에 어려움을 겪는 미혼 청년들 중의 또 한 부류는 과거 이성 교제 실패의 충격을 겪고 아직 그 후유증에서 헤어나오지 못한 경우다. 그들은 그 시간이 얼마나 흘렀든, 아직도 과거의 실패를 현실로 받아들이지 않고 여전히 과거 시간 속에서 헤매는 것을 본다. 분명히 현실은 결별과 이별을 확인시키지만, 그들은 그것을 결코 현실로 받아들이지 않으려 한다. 아니, 저절로 그렇게 되어진다. 마음속에서 정리하지 못한 과거의 애인(愛人)은 현실로 다가오는 무수한 가능성을 물리치고 내쫓고 심지어 미래(未來)마저 거부토록 부추긴다. 그로 인해 미혼인 그(그녀)는 점점 현실로부터 고립된다.

이러한 원인은 그(그녀)가 아직도 과거의 환상에서 깨어나는 것을 싫어하기 때문이다. 비록 아무리 괴롭고 슬프고 고통스러웠던 과거였을지라도, 그들은 그것을 가슴 깊이 슬퍼하면서도 어쩔 수 없이 즐긴다.

치를 떨며 깨끗이 정리하길 원하면서도 계속 원점을 맴돌며 한 발짝도 앞으로 내딛지 못하는 아이러니. 이름하여 '추억병' 또는 '이별 후유증'인 것이다. 그러한 '회한의 덫'에 걸린 이는 아무리 새로운 이성을 소개받거나 교제해도 여전히 과거 사랑했던 그 사람으로부터 해방되지 못한 채 과거의 악령에 사로잡혀 울부짖고 신음할 수밖에 없는 것이다. 자신도 전혀 자각하지 못한 채.

오늘날 많은 이들이 '첫사랑'에 대해 추억하고 동경하며 심지어 재회(再會)를 미화시키는 경우까지 본다. 누구나 가슴에 품고 있던 풋사랑에 대한 추억은 아름답기 그지없고, 현실에서의 재현(再現)을 갈망하는 흡인력이 크다. 그렇지만 그것의 현실적 구현이나 그 연장선에서, 이미 헤어진 과거의 사람을 그리워하거나 떠나 버린 사랑에 집착하는 모습은 바람직하지 않다. 그러한 사람은 자칫 과거의 수렁 속에서 헤어나지 못한 채 슬픔과 좌절의 나날을 보낼 위험성이 그만큼 커지기 때문이다.

얼마 전 이별한 애인을 오랫동안 잊지 못해 결혼에 어려움을 겪는 한 30대 중반의 형제와 결혼 상담을 한 적이 있다. 그 형제는 자신이 어리석다는 것과 이미 떠나 버린 그 사람을 마음속으로 정리해야 한다는 사실을 알고 새로운 출발을 고대했다. 그러나 자신도 모르게 수년간 교제했던 옛 애인에 대해 미련을 두어 왔다는 사실을 심각하게 인식하지 못했다. 계속 새로운 이성을 소개받고 결혼하라는 주변의 압력을 받지만, 막상 이성을 만나 교제할라치면 이미 헤어진 옛 애인의 얼굴이 떠올라 쉽게 결론짓고 회의에 빠지는 일을 반복했다.

이것은 대단히 안타까우면서도 불행한 모습이다. 어쩔 수 없는 이별일 경우라 할지라도, 훗날 이렇게 결혼에 부정적 영향을 끼치면 당사자에게 비극이다. 소설이나 드라마에 나오는 이야기처럼 애절하고 드라마틱할 경우, 그 운명론적 미학(美學)은 더욱 증폭되지만 이것은 대단히 불행한 결말이며 심각한 후유증을 남기는 결과가 된다. 비록 헤어졌더라도 아름다운 사랑은 가슴에 남을 수 있다. 그렇지만 그 추억과 미련이 미래를 가로막는 장애물이 될 경우엔 속히 마음속으로 정리해야만 한다. 그렇지 못할 때 과거의 사랑은 더 이상 아름다운 추억도 미학적 스토리도 아닌, 처절한 악몽으로 전락할지도 모른다. 과감하게 과거의 미련을 끊으면 결혼의 문이 열릴 것이요, 끝까지 움켜쥐고 고집부리면 계속 결혼은 지연될 뿐이다.

오늘날 결혼에 어려움을 겪는 이들 중에 이처럼 실패한 사랑에 대한 미(未)정리와 실연의 상처로 우울한 나날을 보내며 결혼을 기피하는 이들이 종종 눈에 띈다. 그들은 스스로 자신의 고통스런 환경을 바꾸기 위해, 깨어진 사랑을 만회하기 위해 그 누구보다도 간절히 결혼을 갈망하며 시도하지만, 실제로 별다른 변화를 일으키지 못하는 데 문제가 있다. 새로운 가능성이 다가오기를 학수고대하면서도, 다른 한편 그 가능성에 대해 회의하며 새로운 만남의 가치를 소홀히 여기는 실수를 저지르곤 한다.

어떤 이는 새로운 환경이 자신에게 안겨 줄 행복을 두려워하기까지 한다. 이는 한동안 마음속에 품었던 자신의 연인(戀人)에 대해 죄책감을 느끼기 때문이며, 비록 그 사람이 더 이상 내 사람은 아니지만 막상 새로운 연인을 맞아들이려 할 때 아직 마음속에서 정리치 못한 옛사랑의 추억이 발목을 잡기 때문이다. 그 지겹고 괴로운 미련과 추억을 쫓아내려 하지만, 이젠 오히려 그 미련과 추억이 그 사람 안에서 주인 행세를 하며 못 나가겠다고 버티는 지경에까지 이르면 거의 절망적 상황인 것이다. 이미 과거의 연인은 사라졌고 새로운 연인을 맞아들여야 하는데, 전혀 상관없는 제삼의 존재인 미련과 추억이라는 놈이 앞길을 가로막고 멱살을 쥐고 흔드는 형국인 셈이다. 참으로 비극이요 슬픈 아이러니라 하지 않을 수 없으며, 그로 인한 피해는 전적으로 그 당사자의 몫이 된다.

이것은 진실한 사람일수록, 내성적이고 예민한 성격일수록, 관계가 깊었을수록 그 증세가 심한 특징을 보여 준다. 아직 결혼 안 한 자신은 그럴 만한 자격이 충분히 있다고 믿으며, 남들이 모르는 그럴 만한 분명한 이유가 많다고 강변한다. 그리고 스스로 그렇게 고통을 겪어 마땅하다고 자학하며 점점 과거란 악몽의 늪에서 허우적이기까지 한다. 그런 사람들은 쉽사리 그 과거 실연의 상처로부터 자유로울 수 없으며, 과거 악몽의 노예로 전락하기 쉬운 법이다. 오늘날 안타깝게도 일부 미혼 크리스천 청년들 중에 이런 부류의 사람들이 발견되며, 이는 그 당사자뿐만 아니라 미래 배우자에게도 불행한 일이라 하지 않을 수 없다.

이와 같은 불치병으로부터 해방 받는 길은 망각인데, 정상인에게 있어 의지의 선행 없이는 이 또한 불가능하다. 이미 움켜쥐고 있던 것을 과감히 포기해야 새로운 축복을 움켜쥘 수 있듯, 과거의 추억을 훌훌 털어 버려야 새로운 만남의 기회가 다가오며 결혼의 문이 활짝 열리는 것이다. 만일 그러한 집착에서 벗어나지 않는다면 오랫동안 풀리지 않는 결혼 문제의 해결은 요원해질 수밖에 없다.

지난날 아름다웠던 추억이든 슬펐던 추억이든, 하루빨리 잊고 그 미련으로부터 벗어나려는 노력이 무엇보다도 중요하다. 그렇게 결단하기까지 긴긴 눈물의 골짜기를 통과해야겠지만, 그래도 일단 그렇게 결단을 하고 나면 놀랍게 변화된 행동을 기대할 수 있다. 실연(失戀)과 망상의 병상(病床)을 떨치고 일어나야겠다는 결단만 굳게 서면 곧 찬란한 햇살을 온 영혼으로 맞아들일 수 있으며, 더 이상 음습하고 우울하고 비통스럽고 슬픈 과거 악몽의 터널 속에서 헤매지 않게 된다.

이러한 광명의 새 아침을 맞이하기 위해서는 지난날의 잘못된 관계에 대한 회개 또한 병행되어야 한다. 하나님의 뜻보다 자신의 뜻을 앞세운 잘못, 하나님의 인도하심보다 자신의 선택과 의지를 앞세운 교만의 죄, 하나님의 길보다 자신의 길이 옳다고 우기며 버텨온 자기 의(自己義)의 죄, 그리고 하나님을 전적으로 신뢰치 못하고 깨진 관계와 잃어버린 시간과 마음속의 애욕을 떨쳐 내지 못한 잘못 등을 낱낱이 회개해야만 한다. 그럴 때 비로소 주님께서는 우리에게 새 길을 열어 주실 것이다. 이성 교제 실패의 후유증을 극복하는 과정은 10단계로 세분화할수 있으며, 다음에 보다 구체적으로 말하겠다.

24

실패한 사랑의 집착 극복 10단계

과거의 이성 교제로부터 자유롭지 못하고 얽매였던 사람의 경우, 다음의 '집착 극복 10단계' 과정을 거쳐 온전한 자유의 단계로 이행함을 보게 된다. 그 단계를 구체적으로 살펴보면 다음과 같다.

제1단계: '각성' (집착에 대한 자각)의 단계

불신자가 크리스천이 되는 과정처럼, 우리가 과거의 구속으로부터 자유로워지기 위해서는 먼저 그 구속됨의 상태를 자각하는 것이 필수적이다. 그래야만 새 출발이 가능하게 됨은 자명하다. 이는 또한 자신의 근본 문제의 원인을 파악하는 첫 출발점이며, 문제를 해결하기 위한 첫 실마리이기에 대단히 중요하다.

아직도 자신이 집착돼 있음을 자각치 못하거나 과거의 그 사람을 붙든 채 과거에 머물기만을 고집부린다면, 그는 결코 주님께로부터 오는 새로운 축복을 받아 누릴 수 없다. 그러기에 과거 이성 교제의 실패로 인해 고통스러워하는 사람은 더 이상 그 상태에 머물려 하지 말고, 신속히 그 얽매임과 집착의 사슬로부터 해방 받아야 하는 것이다.

제2단계: '회개'(잘못된 방향에 대한 철저한 반성과 돌이킴)의 단계

많은 미혼 크리스천들이 결혼 문제에서 어려움을 겪을 경우 타인이나 외부 환경 탓으로 돌리거나 자신에게 아무런 잘못도 없는데 왜 하나님께서 내게 이토록 가혹한 시련을 주시느냐고 불평하는 경향을 보이는데, 이는 분명 잘못된 태도다. 만일 몸에 이상이 있다면 병원에 가서 의사에게 진찰을 받아야 하듯이, 결혼 문제에서 어려움을 겪는다면 마땅히 자신에게 문제가 있음을 인정하고 전문가에게 찾아가 결혼 상담을 받아야 함은 당연하다.

물론 그렇게 안심하고 찾아가 결혼 상담을 받을 만한 전문가가 부족한 현실은 안타깝지만, 그렇다고 그런 시도 자체가 잘못된 것은 결코 아니다. 오히려 권장하고 부추길 일이다. 어쨌든 풀리지 않는 결혼 문제를 해결하기 위해선 자신을 객관적으로 점검하고 잘못된 부분을 회개하는 것이 선결 과제임을 잊어선 안 된다.

회개란 잘못된 방향에 대한 철저한 반성과 돌이킴을 의미한다. 만일 이 글을 읽는 당신이 이제껏 결혼을 위해 오랜 시간 노력했어도 결혼하지 못한 만혼(晚婚)의 미혼 청년으로 남아 있을 경우, 당신은 냉정히 가슴에 손을 얹고 주님 앞에 무릎을 꿇어야 한다. 이제껏 결혼을 위해 애써 온 스스로의 방식과 태도, 결혼관, 배우자상, 장애물 등을 꼼꼼히 점검하며 새롭게 결혼을 향해 나아가야 한다는 것이다. 만일 잘못된 부분을 점검받지 못한 채 무조건 앞만 보고 나간다면, 당신은 어쩌면 훗날 더 크게 후회할지도 모른다. 하나님께서 주시는 결혼 기회를 소홀히 한 대가를 뒤늦게 뼈아프도록 치를지도 모를 일이다.

이제껏 결혼에 대해서 적극적이었든 소극적이었든, 긍정적이었든 부정적이었든, 많은 시행착오를 겪었든 그렇지 않았든, 아직도 누군가를 마음속에서 정리하지 않고 있든 정리했다고 생각하든, 결혼 문제에서 어려움을 겪거나 결혼의 문턱에서 자꾸 막힐 경우 일단 모든 것을 멈추고 자신을 성찰하는 시간을 갖는 것이 급선무이다. 잘못된 방향으로 더 멀리 나가는 것보다 올바른 방향을 찾아 제 길로 나가는 것이 중요하듯, 더 많은 사람과 만나야겠다는 생각으로 결혼을 서두르는 것보다 자신의 근본 원인을 발견하기까지 잠시 호흡을 고르는 것이 최우선이다.

제3단계: '전환'(새 출발을 향한 의지와 기대감)의 단계

과거의 집착으로부터 벗어나려고 회개의 단계에까지 이를 경우, 그 사람은 새로운 가능성을 향한 전환점에 서게 마련이다. 그대로 과거의 수렁에 머무르려 하지 않고 이미 회개했기에, 누구든 이 시점에선 방향을 바꿀 터닝 포인트(turning point)를 갖기 원한다. 그렇다면 이제 어떻게 할 것인가? 어떤 방향으로 어떠한 목표를 세워 나가야 한다는 말인가? 비록 이제껏 결혼에 성공하지는 못했지만, 어떻게든 전환점을 맞아야 한다는 절박한 심정. 그리고 이 상태로는 더 이상 결혼 문제를 풀 수도 없고, 설령 어느 누구와 결혼한다 하더라도 그 후유증으로 파국을 초래할지도 모른다는 막연한 위기감. 그러한 두려움과 미래에 대한 불안감이 점증함과 동시에 결혼에 대한 갈망이 증폭될 때, 그 사람은 결국 자신에 대해 강한 저항감을 갖게 된다.

다시 말해 새 출발을 향한 강렬한 의지와 미래에 대한 큰 기대감을 품게 된다는 것이다. 더 이상 그렇게 결혼하지 못한 상태에 머물기를 거부하게 된다는 뜻이며, 자신의 발목을 잡는 과거의 악몽(惡夢)으로부터의 해방을 갈망하게 된다는 것이다. 그러기에 이 단계를 결혼에 대한 희망과 가능성으로의 전환 단계라고 말하는 것이다.

제4단계: '질곡(桎梏)'의 단계

이는 다시 말해 깊은 수렁에 빠진 단계를 말한다. 처음에 막연히 수렁에 빠졌다고 느꼈던 단계와는 비교할 수도 없이 깊은 수렁에 빠졌다고 느끼는 단계를 말한다. 더 이상 자신의 힘으로는 어찌할 수 없는 한계 상황을 자각하는 단계라고나 할까. 이 단계에 이르면 누구나 무력감에 젖게 마련이다. 막상 새로운 가능성을 향해 뛰어들었음에도 자신도 미처 예상치 못한 상황과 혼란스러움으로 인해 좌절감을 겪게 된다는 말이다. 이 단계를 구체적으로 설명하면 다음과 같다.

(1) 결혼 문제의 해답을 찾아 새 출발의 기대감으로 힘차게 발걸음을 내딛었음에도 이전과 별다른 차이점을 못 느끼게 된다는 것이다. 여전히 현실은 바뀌지 않았으며 지난날의 기억들은 아직도 뇌리에 생생하며, 이따금 결별한 과거 그 사람과의 추억들이 아지랑이처럼 되살아나는 고통스러움이 반복되는 괴로운 상황.

이미 각성과 회개와 전환의 단계를 거쳐 왔지만, 여전히 변화를 실감 못하는 안타까운 현실의 반복. 갑작스레 자신의 문제가 더욱 복잡해지고 혼란스러워지는 듯한 막막함. 그래도 돌파구를 찾아야겠다고 느끼는데도 아무런 희망을 발견할 수 없는 듯한 암울한 나날. 어떻게 이 질곡을 벗어나야 할지 몰라 절망감마저 느껴지는 단계라 하지 않을 수 없다.

(2) 자신의 과거 모습에 대해 수치심과 죄책감을 심하게 느끼게 된다. 일단 과거에 누군가를 진실로 사랑했다면 정신적이든 육체적이든 그 흔적은 남게 마련이며, 그로 인해 새로운 출발을 주저하게 되고, 심지어 과거의 연인(戀人)은 물론 미래의 연인에 대해 수치심과 죄책감마저 느끼기도 한다.

지난날 사랑했던 사람에 대해선 그를 마음으로 끝까지 사랑하지 못하고 떠나는 자신에 대한 죄책감일 수도 있고, 앞으로 만날 사람에 대해서는 그 사람 앞에 순결한 연인으로 다가갈 수 없는 자신에 대한 죄책감일 수도 있다. 이는 사람의 성격과 기질에 따라 다소 차이가 날 수도 있지만, 어쨌든 분명한 것은 새로운 출발을 모색하고 과거의 수렁으로부터 벗어나려는 의지에 정비례해서 자신도 모르게 죄책감의 강도가 세질 수도 있다는 것이다. 지난날의 사랑만 아니었다면 얼마든지 쉽게 결혼할 수도 있었다는 아쉬운 회한과 더불어, 앞으로 새롭게 맞닥뜨려야 할 연인을 어떻게 자기 삶의 일부로 받아들여야 할지에 대한 당혹감과 낯설음은 이 단계에서 피할 수 없는 숙명이다.

(3) 누구든 오랜 은둔 생활이나 칩거 생활을 할 경우, 그 환경으로부터의 탈출은 희망과 설레임이기 이전에 불안과 두려움으로 다가오기 마련이다. 과거의 연인과 헤어진 사람 또한 과거의 추억과 회한과 아쉬움이라는 마음의 골방에서 오랫동안 머물렀기에 그 어둠 속에서 탈출하기가 용이치 않다. 마음으로는 간절히 소원하면서도 막상 그 어둠 밖으로 벗어날라치면 불안과 두려움이 발목을 잡는다. 정말 내가 이래도 되는 것일까? 내가 정말 떠나 버린 그 사람보다 더 좋은 사람과 만나 결혼할 수 있을까? 나를 거절하지 않고 있는

모습 그대로 받아 줄 사람이 정말 세상에 존재한다는 말인가? 그 불안과 두려움을 벗어나는 길은 밝은 세상으로의 화려한 외출(外出)이지만, 막상 그것을 실천한다는 것은 생각만큼 용이하지 않기에 답답하고 괴로운 것이다.

(4) 더 나아가 자신이 원했던 사람과 결혼하지 못하게 하신 하나님께 대한 원망과 연인과 하나님 모두로부터 버림당했다는 상실감을 동시에 느끼게 된다. 다시 말해 복잡한 감정의 소용돌이와 혼란함으로 괴로움이 가중되고, 원망과 상실감으로 극도의 무기력증을 경험할 수도 있다는 것이다. 이럴 경우 새 출발은 자칫 공허해지고 아무런 의미를 찾지 못하기 때문에 대단히 심각한 갈등 단계라고도 볼 수 있다. 그러나 언제까지 이렇게 머물러 있을 수는 없다. 왜냐하면 원망과 상실감은 시간이 지날수록 타인에게보다 본인에게 더 큰 상처를 입히고, 스스로를 쉽사리 지치도록 만들기 때문이다.

제5단계: '환멸'의 단계

깊은 수렁 속에서 한없이 헤매고 헤매다 스스로 지치게 되고 결국 자신의 처지에 대해 환멸을 경험한다. 아무리 돌이키려 해도 돌이킬 수 없는 지나간 과거로 끙끙댄다는 것은 이미 패배를 예견하는 것이다. 그것은 이길 수 없는 적과 무모하게 맞싸우는 어리석은 장수와도 같은 것이다. 그럼에도 불구하고 우리들은 얼마나 스스로 어리석은 부나비가 되기를 학수고대하는가. 어떤 사람이든 현실을 냉정히 인식하지 못하고 계속 과거의 미련 때문에 질곡 속을 헤맬 때, 그에게 돌아오는 것은 싸늘한 배반과 환멸감이다. 자신도 모르게 무의식적으로 자석에 이끌리듯 과거 회귀의 충동 속에서 맞부딪치는 무수한 좌절과 극도의 실망감은 결국 그를 과거 쇠사슬로부터의 해방을 촉진하며 자신의 처지에 대해 극도로 환멸을 느끼도록 부추긴다. 이로 인해 그는 결국 자신의 이유 없는 고집을 버틸 명분을 잃고 독신(獨身)에 투항하는 것이다.

제6단계: '실행'의 단계

독신에 투항한 그가 처음 느끼는 감정은 무거운 멍에로부터의 자유함을 통한 홀가분함과 기대감이다. 오랜 수렁 속에서의 악전고투로 지친 그에겐 더 이상 뒤로 돌이킬 기력도 막무가내로 버텨 낼 명분과 에너지도 남아 있지 않다. 그렇지만 그는 이제 평안한 안식을 찾아 새로운 여행을 떠날 마음으로 들뜨게 된다. 과거로 회귀할 의욕과 힘은 이미 소진했지만, 미래를 향한 기대감과 에너지는 샘솟게 된다. 비록 그 대상은 불확실하지만, 그는 서서히 새로운 만남의 가능성으로 다가가기 시작한다.

그러나 그는 여전히 어색한 느낌과 몸짓으로부터 자유롭지 못하다. 오랫동안 독신 아닌 독신을 고집했던 터라 일면 쑥스럽고 어색하지만, 그래도 그는 주변 사람들로부터 달라졌다는 평을 듣게 되고, 새롭게 주변 사람들로부터 새로운 사람을 소개받거나 스스로 만남을 시도해 새 출발을 경험하게 된다. 이렇게 새 출발을 실행하면 할수록 그는 점점 희망의 날갯짓을 하게 되고 결국엔 부자연스럽고 쑥스러운 몸짓에도 불구하고 결혼을 향한 거보(巨步)를 내딛게 된다.

제7단계: '퇴행'의 단계

그토록 열심히 새 출발을 시도했건만 그가 다시 맞닥뜨린 것은 좌절감과 실패감이다. 모든 것을 포기하고픈 자포자기의 심정이다. 왜냐하면 현실이 그리 녹록치 않고 새롭게 만나는 이성이 그리 만만치 않기 때문이다. 누구든 결혼을 진지하게 생각하는 이와 맞선을 보거나 소개 받아 보면, 그 시간이 얼마나 긴장되고 고생스러운가를 경험하게 된다. 더욱이 연령의 증가에 따라 그 스트레스 포물선은 급격한 상승 커브를 그리기 마련이기에, 만혼자일수록 쉽게 좌절하고 주저앉을 확률이 높다.

그동안은 전혀 이러한 상황을 경험하지 못했기에 그 사람은 새롭게 맞닥뜨린 낯선 환경에서 충격을 받게 되고, 부담감을 느끼고, 새 출발이 만만치 않은 현실임을 뼈저리게 절감하게 된다. 그로 인해 자신도 모르게 움츠러들거나 새로 만나는 이성에 대해 실망하게 되고, 회의감을 느껴 과거로 회귀하고픈 충동에까지 사로잡히게 된다. 그리하여 더 이상 앞으로 나가려 하지 않고 뒤를 흘끔흘끔 돌아보며 마땅한 도피처가 없을까 두리번거린다. 이 단계에서 가장 우려스러운 상황은 미래에 대한 희망을 아예 단념하고 자포자기하는 것이다.

이 단계를 쉽사리 극복하지 못할 경우 자살이라는 극단적 선택을 할 위험성이 커진다. 비록 아픈 과거였지만 언제나 길들여져 있었고 안정적이었던 상황이 갑자기 돌변해 버렸기에, 그는 극단적 감정의 소용돌이와 혼란 속에서 들짐승처럼 울부짖고 숨을 헐떡일 수도 있다. 자존심은 어느새 또다시 짓밟혔고, 고고(孤高)했던 자신과 과거의 연인에 대한 죄책감도 걷잡을 수 없이 커졌고, 새로운 희망도 빛바래졌고, 앞으로 나갈 수도 뒤로 돌이킬 수도 없는 진퇴유곡의 상황에 처했다고 결론이 나는 순간, 그는 날개 없이 추락하는 새로 전락하기 쉽다.

제8단계: '원망'의 단계

퇴행의 단계를 지나 이 단계에까지 이르면 자신을 향하던 비난의 화살이 별안간 하나님께로 향하게 된다. 그 동안 마음속으로 은근히 서운했던 감정과 하나님을 향한 불만의 감정이 일시에 폭발하는 것이다. 하나님은 더 이상 두려운 대상이거나 전지전능자, 치외법권적 존재가 아니라 마땅히 비난받아야 하고 망가진 내 인생에 대해 전적으로 책임을 져야 하는 가해자로 급부상한다. 이 단계에 이르면 또다시 기도하면서 눈물을 흘리고, "주여! 왜?"라고 부르짖으며 주님께 절규하게 된다. 자신이 이렇게 불행에 빠진 원인이 모두 하나님께 있다는 생각으로 주님을 탓하고, 주님께서 모든 책임을 져야한다는 투로 멋대로 불평하고 원망하게 되는 것이다.

제9단계: '신뢰'의 단계

신뢰란 쌍방 간의 평화를 의미한다. 갈등과 원망과 다툼의 단계를 지나 더 이상 아무런 감정의 응어리도 남아 있지 않는 상태를 의미한다. 그렇기에 이 단계에 이르면 더 이상 상대방에 대한 의혹과 불신으로 인하여 시간을 낭비하지 않게 되는 것이다. 마찬가지로 하나님과의 관계도 안정기로 접어드는 것이다. 이젠 결혼이라는 매개체를 통해 하나님께서 고난과 시련을 주신 이유와 목적을 알게 되며, 그 하나님의 섭리(攝理)에 대해 오히려 감사하기에까지 이른다. 이를 바탕으로 그는 결혼을 향하여 보다 적극적으로 나서게 되고, 결혼에 대한 굳건한 의지적 행동을 보여 주고, 새 출발에의 갈망이 안정된 결혼의 꿈으로 무르익는다. 하나님은 더 이상 내 축복된 결혼의 훼방꾼이나 방해자가 아니라, 내 인생의 주인이시요 내 결혼의 주권자(主權者)와 동반자(同伴者)로 자리 잡는 것이다.

제10단계: '치유와 회복'의 단계

이 마지막 단계에 이르면 결혼의 장애 요소가 아무것도 남지 않게 되고, 과거로부터도 완전히 벗어난 내면의 평안 상태에 다다르며 결혼을 갈망함은 물론 적극 찾아 나서게 된다. 이처럼 완전한 치유의 단계에 이르면 더 이상 과거의 추억으로부터도 아무런 상처를 받지 않으며 아무런 이별의 슬픔을 느끼지 않는다. 더 이상 과거가 현재의 삶에 부정적 영향을 끼치지도 않는다.

물론 기억 속에서는 어느 정도 그 흔적이 남아 조심스럽고 어색할 수도 있다. 그렇지만 그것은 어디까지나 흔적에 불과할 뿐, 현재의 삶에 직접적 영향을 끼치는 것은 아니다. 이렇게 '치유와 회복'의 단계에 이르면 자신도 모르는 새에 눈앞에 결혼의 문이 활짝 열려 있는 것을 발견한다. 그 동안 백안시했거나 전혀 자신과 동떨어진 것이라 여겼던 새로운 사람과의 만남과 결혼이 현실로 인식되며, 또 실제로 결혼할 용기가 생기고 결혼을 향해 자신 있게 발걸음을 내딛게 되는 것이다.

그는 더 이상 과거에 얽매이지도 않게 되며 더 이상 떠나간 옛 사랑에 대해 미련을 두지도 않게 된다. 또한 더 이상 옛 연인과 새로 만나는 배우자감을 직접 비교하는 어리석음을 범하지도 않는다. 이미 옛 연인에 대한 후회와 환멸의 극한까지 경험했기에 뒤로 돌이킨다는 것은 소름끼치는 일이며, 자신을 파멸시키는 일임을 깨닫고 정신을 바짝 차리게 된다. 오직 자신 앞에 활짝 열린 결혼의 문을 응시한 채 그 안에서 기다리고 있는 미래의 배우자에 대해 온 신경을 집중하게 되는 것이다. 그에게 결혼은 더 이상 타자(他者)가 아닌 자신의 일부(一部)가 되는 것이다. 이 글을 읽는 모든 이에게 과거 얽매임으로부터의 자유와 결혼의 복된 문이 활짝 열리기를 소망한다.

25

열등감으로 인한
결혼 장애와 그 극복법

결혼에 어려움을 겪는 또 다른 부류의 사람들이 있다. 그들은 일반적으로 남들보다 열악한 환경과 조건을 지닌 사람들이다. 가정 형편이 어렵거나, 고아로 자랐거나, 학벌이 낮거나, 돈이 없거나, 직장이 변변치 못하거나, 얼굴이 못 생겼거나, 과거 때문에 죄책감이 심하다거나, 여타 외적 조건이 일반 기준에 비해 현저히 떨어지는 사람들은 일단 결혼 문제에서 위축되고 열등감을 느끼게 된다. 모두가 그렇다는 얘기가 아니고 그럴 가능성이 높다는 것이며, 또 실제로 결혼 상담을 해 본 결과 많은 미혼 청년들이 이러한 이유로 결혼하지 못해 괴로워하는 것을 목격했다.

그러나 그렇게 외적 조건이 일반인보다 뒤처지는 사람들 모두가 결혼에 어려움을 겪는 것은 아니다. 그러한 불리한 외적 조건에도 불구하고 많은 사람들은 그것을 지혜롭게 극복하고 용기 있게 결혼을 쟁취하니 말이다. 그러한 열등감에 사로잡혀 결혼을 힘들어하는 사람들은 내성적이거나 소극적 성격의 사람들이 많다. 자신의 약점을 지나치게 의식하고 예민하게 반응하고 남들과 비교해 스스로 더욱 좌절감과 패배감에 젖을 때, 어떻게 그 사람이 자신 있게 화려한 조명을 받는 결혼의 무대로 나서겠는가. 그러한 부정적 의식의 소유자들은 종종 자폐증 환자처럼 스스로의 한계에 갇힌 채 탄식하며 흐느끼곤 한다.

그렇다면 그렇게 열등감에 빠진 사람들을 구체적으로 어떻게 도울 수 있을까. 앞서 언급한 대로 사람마다 갖가지의 이유로 결혼에 어려움을 겪기 때문에 일괄적으로 묶어서 해결할 수는 없다. 일단 그러한 사람들을 깊이 있게 결혼 상담을 진행하여 구체적으로 어떤 이유 때문에 결혼에 장애를 겪는지를 정확히 파악하는 것이 선결 과제다. 그렇게 근본 문제를 치유하지 않고 섣불리 이성을 소개시켜 준다거나, 아무하고나 결혼하라는 식으로 등을 떠민다면 심각한 부작용과 역반응(逆反應)을 초래할 위험성이 크다. 자칫하면 그 사람으로부터 욕을 먹거나 봉변을 당할지도 모르며, 그를 깊은 좌절감의 늪 속으로 밀어 넣을지도 모른다. 그만큼 이 문제는 쉽사리 해결되기 어렵고 조심스러운 접근이 필요하기에, 이 자리에서 사안별로 몇 가지 검토하고 그 해결 방안을 모색하고자 한다.

1. 가정 형편이 어려웠거나 현재도 어려운 미혼자의 경우

대개 가정 형편이 어려워 결혼에 장애를 겪는 미혼자를 깊이 들여다보면 일시적으로 경제적 어려움을 겪는 경우보다 어렸을 때부터 가정 형편이 어려웠던 경우가 많다. 어렸을 때부터 고아로 자랐거나 집안이 지나치게 가난했거나 자신의 뜻을 펴지 못할 만큼 너무 엄격한 부모 밑에서 자랐을 경우, 그 사람은 결혼에 자신감을 잃기 쉽다. 그에 따라 자연스레 적령기에 결혼하지 못한 채 자꾸만 나이를 먹게 되고 더욱 더 심각한 상황으로 내몰리는 것이다.

필자가 상담한 몇몇 형제와 자매들은 이렇게 어려운 상황에 놓여 있었고, 결혼을 간절히 원했음에도 결혼하지 못해 괴로워했던 것이다. 그 중 어떤 형제는 불같은 정욕을 못 이겨 이따금 성매매 여성을 통해 정욕을 해소하는 돌출적인 행동을 보이기도 했으며, 어떤 자매는 혼자서 끙끙대고 괴로워하며 하염없이 눈물을 흘리기도 했다. 또 어떤 형제는 사람 앞에서 제대로 기를 못 펴고 우울한 나날을 보내기도 했다.

그들을 실질적으로 돕기 위해서는 먼저 그들을 묶고 있는 과거와 현재의 멍에와 속박을 끊어 주어야 하고, 억눌리고 짓밟힌 자존감을 회복시켜주어야만 한다. 그렇게 용기를 주고 자신감이 들게 한 다음 자신에게 알맞은 배우자를 놓고 기도하도록 이끌어야 하며, 반드시 주님께서 결혼을 허락하실 것이라는 믿음을 갖도록 끊임없이 용기를 주고 격려하며 결혼을 절대 포기하지 않도록 도와주어야 한다.

또 한 가지 유념해야 할 것은 누구에게나 존재하는 인간 본능과 허황됨이 과거와 현재의 어려운 가정 형편으로 짓눌린 사람들에게도 동일하다는 것이다. 일거에 자신의 삶을 반전(反轉)시켜 줄 수 있는 배우자를 기대하는 터무니없는 눈높이를 발견하고 지혜롭게 권면해야겠지만, 그 방법도 신중하고 조심스럽게 접근해야만 한다. 그만큼 그들이 여리고 상처받은 심령을 보듬고 있기 때문이다. 그들에게 자신에게 어울리는 상대를 만날 수 있으리라는 기대감을 갖게 하는 동시에, 그들의 눈높이를 낮춰 주는 작업 또한 지혜롭게 병행해야 함은 물론이다. 비록 그 노력이 그런 상처가 없는 사람들에게서보다 몇 배 어렵다 할지라도 결코 포기해서도, 그들을 섣불리 비난해서도 안 되는 것이다.

2. 학벌이 낮거나 직장이 변변치 못한 사람의 경우

오늘날 전문대학은 물론 4년제 대학을 나온 사람들이 엄청나게 늘어난 사회 현실에서 특별한 집안 배경 없이 고등학교 졸업 이하의 학력자가 자신이 원하는 배우자를 욕심껏 고를 수는 없는 게 사실이다. 물론 오늘날 속칭 '결혼 시장'에선 학벌뿐만 아니라 집안 배경과 직장까지 복합적으로 고려의 대상이 되기에 꼭 한 가지 문제만을 뚝 떼놓고 설명할 수만은 없다. 이런 사람들은 뒤늦게 자신의 발전과 졸업장을 위해 공부에도 뛰어들고 열심히 일해 돈도 벌어보지만, 여전히 결혼 문제는 스스로의 힘으로 풀 수 없는 한계를 느끼곤 한다. 이러한 어려운 처지에 있는 미혼 청년들을 돕기 위해서는 두 가지 측면에서의 접근이 필요할 것이다.

하나는 그 당사자를 위한 따뜻한 시선과 도움의 손길이며, 다른 하나는 그 당사자 스스로의 마음가짐이다. 그러한 약함을 지닌 사람들을 주변에서 사랑의 눈길로 바라보고 돕는 것은 매우 중요하다. 그로 인해서 그들이 자신감을 회복하고 건강한 자아상을 회복한다면 얼마나 기쁜 일이겠는가. 그러나 그에 못지않게 중요한 것은 그들 스스로의 마음가짐과 태도라 할 수 있을 것이다. 그들은 외부로부터 받은 무수한 상처를 오랜 시간 속으로 곰삭힌 사람들이다. 그 때문에 그들은 사소한 문제로 인해 움츠러들거나 자신 없어 하거나 어떤 경우엔 격하게 감정을 폭발시킨다. 물론 그로 인해 점점 병들어가는 것은 자신이다. 그들은 한편으로 여린 듯 보이고 부드러운 듯 보이지만, 다른 한편 대단히 거칠고 메마른 성격을 보이기도 한다.

그런 그들에게 가장 필요한 것은 자신에 대한 따뜻한 시선이다. 자신을 있는 그대로 용납하고 사랑하는 자애(自愛)의 마음 없이는 어느 누구의 도움을 받더라도 그는 그 어두운 그늘에서 벗어날 수 없기에, 그는 무엇보다도 스스로를 존중하고 아껴야만 한다. 그것이 열등감을 극복하는 지름길이며, 자신 있게 결혼 문제를 푸는 열쇠가 된다. 겸양(謙讓)이 지나쳐 비굴함으로 비쳐져선 안 되며, 조용함이 지나쳐 무뚝뚝하게 보이거나, 지나치게 남을 의식해 자신감을 잃고 정체성마저 잃어서는 안 된다. 그러한 내적 장애물만 극복한다면 그들도 얼마든지 결혼에 성공할 수 있을 것이다.

3. 외모가 떨어지는 사람의 경우

오늘날 외모지상주의를 추구하는 세상에 살다 보니 많은 사람들이 외모 콤플렉스에 걸려 신음하고 있다. 타고난 심미안(審美眼)으로 인간은 누구나 아름다움에 이끌리고 탐닉하려는 경향을 보인다. 더구나 오늘날 감각적으로 흐르는 대중 매체와 이미지즘(Imagism)의 영향으로 많은 사람들이 인간의 내면보다 외면의 가치를 우선시하는 태도를 보인다. 그렇게 자신도 모르게 길들여진 탓에 사람을 평가하는 데 있어 얼굴 생김을 대단히 중요하게 여기며, 소개를 받더라도 첫 인상만으로 모든 걸 결정짓는 미혼자들이 대단히 많다. 이를 무조건 잘못이라고 질타하는 것은 무리지만, 그렇다고 이를 그대로 묵과할 수도 없는 일이다.

우리가 분명히 알아야 할 것은 무조건 외모만을 미화하거나 찬양하는 것이 비성경적이라는 사실이다. 하나님께서는 외모보다는 내면을 보다 소중히 여기신다고 성경 여러 곳에서 말씀하고 계신다. 단지 외모만을 중요시하고 얼굴 생김만을 최우선시한다면 그에 따른 후유증은 반드시 따라온다. 그럼에도 불구하고 오늘날 신입 사원을 채용하는 데 있어서나 결혼 배우자를 고르는 데 있어서 얼굴을 너무 과대하게 평가하는 데 문제가 있다. 이로 인해 성형 수술이 성행하고 결과만을 중시하는 사회 풍조와 맞물려, 수술을 통한 '성형 미인'을 부끄러워하기는커녕 도리어 선망하는 사람들이 기하급수적으로 늘어나는 실정이다.

그렇지만 성형을 해서라도 얼굴만 예쁘면 좋다는 사람들이 점점 늘어난다는 것은 얼굴이 못 생긴 사람을 마음속으로 결코 용납치 않겠다는 거부감이나 편견을 부추기기에 심각성이 있다. 자신이 그 정도로 잘생긴 외모의 소유자라면 또 모를까, 그렇게 얼굴에 집착하는 사람들은 어딘가 내면이 부실하거나 스스로 외모 콤플렉스를 느끼는 사람들이기 쉽다.

자신의 부족함을 채워 줄 수 있는 사람들을 바라는 것은 어쩌면 자연스런 본능일 테지만, 그것이 지나쳐 무조건 얼굴 생김새에만 집착한다거나, 좋은 외적 조건에만 경도된다면 문제가 심각해진다. 결혼 배우자를 단지 겉으로 드러난 얼굴 생김이나 외적 조건에만 국한시켜 평가할 경우 그릇된 판단을 내릴 위험성이 그만큼 커지기 때문이다. 아울러 그러한 외모 개선 노력에만 치우치지 말고 내면의 아름다움을 가꾸거나 자신만의 특별한 매력을 가꾸려는 노력을 병행하는 것이 지혜라 생각한다. 특별히 얼굴 콤플렉스에 시달리는 형제자매들에겐 한번쯤 곰곰이 되새겨 볼 일이다.

그리고 이제껏 본인이 사람을 평가할 때 지나치게 얼굴 생김새와 외적 조건에 경도되어 있었다면 회개할 필요가 있다. 하나님의 자녀답지 않게 세상 유행에 지나치게 치우쳤음을 회개하고 영적인 아름다움과 정신적인 가치를 높이려 가일층 노력해야 할 것이다. 그럴 때에만 얼굴 콤플렉스에서 벗어날 수 있으며, 이성 앞에서도 당당한 모습을 잃지 않을 수 있음을 명심했으면 한다.

4. 과거 때문에 죄책감을 심하게 겪는 사람의 경우

사람은 누구나 한두 번 실수를 하기 마련이다. 그렇지만 어떤 사람은 같은 실수를 거듭 반복하기도, 또 어떤 사람은 지난날의 실수 때문에 오랜 시간 죄책감으로 시달리기도 한다. 문제는 미혼자가 지난날의 실수에 대해 지나치게 민감하거나 스스로를 자책할 경우 오히려 결혼에 장애를 겪을 위험성이 커진다는 것이다.

성격적으로 예민하거나 내성적인 사람은 자신의 실수에 대해 과도하게 자학하는 경향을 보인다. 자신을 반성하고 돌이키기 위해서는 그러한 성찰의 태도가 필수적이지만, 지나치게 자신의 허물을 부풀리거나 과거의 잘못한 행동에 얽매이게 될 경우 오히려 죄책감의 덫에 걸릴 위험성이 있다. 물론 위대한 성(聖) 어거스틴조차 과거 실수했던 행동을 부끄러워하며 오랜 시간 괴로워했지만, 그 정도가 지나칠 때 문제가 되는 것이다. 알맞은 정도의 부끄러움과 죄책감은 우리를 발전시키는 원동력이 되지만, 지나치면 독(毒)이 되기에 스스로를 지혜롭게 다스리는 훈련 또한 필수적이다.

간절히 결혼을 원하면서도 지난날 실수했던 자신의 모습 때문에 심하게 죄책감을 느끼는 사람이 있다면 주님 앞에 완전히 고백하고 깨끗이 치유함을 받기 바란다. 오늘날 성(性) 개방 사회로 치닫다 보니 미혼 청년들이 이성 교제에서 실수를 범하는 경우가 점점 늘어나고 있다. 혼전(婚前)에 넘지 말아야 할 선을 넘어 성관계를 맺거나 혼전 동거를 경험할 경우 그 후유증이 오래 가기 마련이다. 그러나 그렇다고 이미 엎질러진 물일 경우, 과거 잘못된 행동을 자학하며 끝없이 어두운 죄책감의 터널 속에서 방황해서도 안 된다. 지난날의 과오를 깨닫고 돌이킨다는 것은 대단히 중요한 결단이며 칭찬받아야 할 행동이지만, 새로운 피조물로 온전히 거듭나 새 출발을 하지 못하는 것은 주님의 은혜를 욕보이는 아주 잘못된 행동이다. 주님께서는 지난날 어떤 죄도 용서해 주시며 다윗 왕처럼 의로웠던 자의 타락마저 기꺼이 용서해 주신다.

　필자가 상담했던 한 30대 자매는 과거 교제했던 남자와 깊은 관계까지 맺고 결혼을 꿈꿨지만 결국 헤어지고 말았다. 결혼할 마음까지 먹었었기에 죄책감이 들면서도 상대방 남자가 이끄는 대로 따라가 어쩔 수 없이 성관계까지 맺었던 것이다. 그러나 이미 그 남자와 관계가 깨어지고 헤어진 지 몇 년이 흘렀지만, 그 자매는 계속 과거 실수했던 자신의 부끄러웠던 모습 때문에 괴로워하며 결혼에 어려움을 겪었던 것이다. 이미 하나님께 자신의 잘못을 고백하고 회개했지만 여전히 떨쳐지지 않는 과거의 죄와 상처로 인해 새 출발을 두려워하며 괴로운 나날을 보냈다.
　이미 정리한 듯 보였지만 상담하는 가운데 아직도 마음속으로 자신을 배신한 그 사람을 용서치 못하고 있었으며, 자신이 이미 순결을 상실한 더러운 여자라는 생각으로 스스로를 계속 학대해 왔던 것이다. 결국 그 자매와 함께 기도하며 용서하도록 이끌었고, 그 자매는 과거의 남자를 어렵게 용서하고 그와 함께했던 아픈 기억들을 정리할 수 있었다. 또한 그를 축복해 주고 자신까지도 용서받게 되었던 것이다. 자유함을 얻은 그녀에게 새 출발의 희망을 발견할 수 있어 무척이나 기뻤던 기억이 난다.

이처럼 과거에 실수했던 문제로 인해 괴로워하며 죄책감에 시달릴 경우 속히 과거의 얽매임으로부터 해방 받는 것이 중요하다. 그것은 용서의 길이며, 해방의 길이며, 자신과 상대방 모두에게 축복이 되는 길이다. 이미 흘러가 버린 강물을 뒤로 돌이킬 수 없듯, 자신이 실수했던 과거를 역류(逆流)시킬 수는 없다. 그러기에 주님께 모든 것을 맡기고 뒤로 돌아서는 것이 중요하다. 주님께서는 그렇게 실수했었던 나, 진흙탕에 넘어지고 쓰러져 엉망이 되었던 나까지도 깨끗이 씻겨 주시고 아름다운 신부와 신랑의 모습으로 변화시키실 수 있는 능력과 치료의 하나님이시기 때문이다.

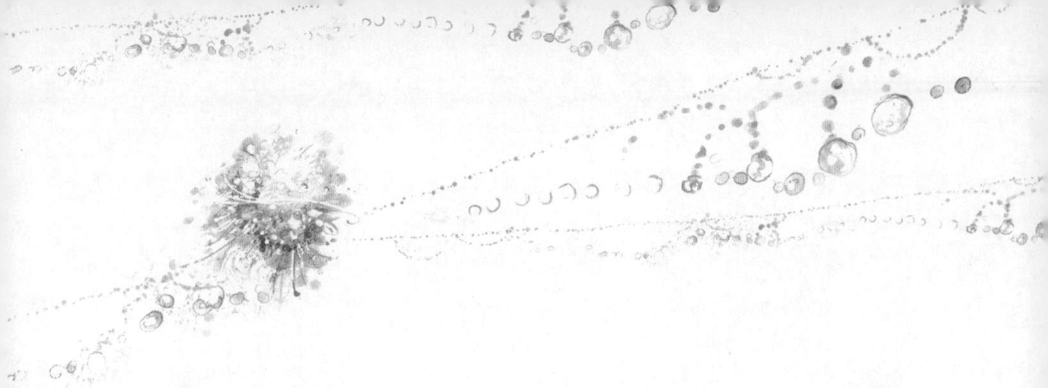

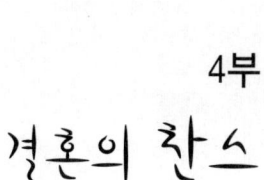

4부

결혼의 찬스

26

나 이 와 결 혼

결혼 문제로 고민하는 미혼 청년들의 속사정이야 저마다 다르겠지만, 오늘날에는 나이 때문에 결혼에 어려움을 겪는 미혼 청년들이 급격히 증가함을 보게 된다. 사회 전반적인 만혼(晚婚) 풍조로 인해 결혼을 미루다 어쩔 수 없이 퇴로가 차단된 막다른 골목에 다다른 듯한 미혼 청년들에게 가장 큰 장애물은 아무래도 나이가 아닌가 싶다.

한창 나이 때는 한없이 날카롭고 높기만 했던 눈매와 콧대가 여지없이 꺾이는 낮아짐의 과정을 통과할 즈음, 미혼 청년들은 뒤늦은 후회와 뼈아픈 눈물을 흘리지만 이미 지나간 날은 돌아오지 않는다. 뒤늦게 후회해 봐야 소용없고 현실을 냉정히 직시해야 하지만, 아직도 일부 미혼 청년들은 스스로 나이가 들었다는 사실조차 자각하지 못하고 있어 안타깝기 그지없다. 물론 그렇다고 여러 피치 못할 사정으로 혼기를 놓친 형제자매들을 일방적으로 비난하려거나 폄하하려는 의도는 아니다. 다만 그들에게 자신의 현 위치를 일깨워 주어 결혼의 복된 자리로 이끌어 주고픈 소망이 간절하기 때문이다.

결혼을 늦게 한 필자의 사례에서도 볼 수 있듯, 결혼이 늦어지면 늦어질수록 오히려 결혼이 더욱 두려워지고 쉽게 안 풀리는 것을 경험한다. 작은 일에도 과민 반응을 보이고, 사소한 말 한 마디에도 상처를 입게 되고, 나이를 의식하지 않으려고 아무리 노력해도 어쩔 수 없이 나이 때문에 이성 앞에서 부담을 느끼는 것은 인지상정이다. 남자는 여자 앞에서 자신이 왜 이 나이가 되도록 결혼 못했는가에 대한 이유와 현실적 능력을 보여 주어야 한다는 압박감을 느끼고, 여자도 마찬가지로 남자 앞에서 결혼이 늦어진 이유와 아직 젊고 매력적이라는 사실을 보여 주기 위해 강한 스트레스를 받게 된다.

나이가 어느 결에 결혼에 가장 큰 장애 요소로 작용할 경우, 미혼 청년들은 크게 두 가지 반응을 보여 준다. 하나는 자존심을 굽히고 비참해지느니 결혼을 아예 안 하겠다는 자포자기식의 반응이고, 다른 하나는 어떻게든 더 나이가 먹기 전에 결혼하고야 말겠다는 오기발동형의 부류다. 그렇지만 양쪽 모두 나이라는 굴레에서 벗어날 수는 없기에 겸허하게 자기 나이를 받아들이고 그것을 슬기롭게 극복하는 지혜가 필요하다. 이처럼 나이로 인해 고민하는 미혼 청년들에게 몇 가지 조언을 주고 싶다.

1. 나이를 먹었다는 것이 무조건 결혼에서 단점이라는 선입견에 앞서 장점이기도 함을 스스로 깨달았으면 한다

실제로 나이가 들어 결혼한 커플 중에 아주 행복하게 잘 사는 부부

들이 많다. 일찍 결혼하는 것도 복이지만, 늦게 결혼하는 것도 불행은 아니라는 사실을 깨달았으면 한다. 결혼 이후 서로 다름으로 인해 갈등을 겪고 고비를 넘기게 되는데, 일반적으로 어린 나이에 결혼하는 부부들이 그 정도가 심한 편이다. 그렇지만 늦은 나이에 결혼하는 부부들은 그러한 갈등과 다툼의 요소들을 오랜 독신 기간 동안 스스로든 타의에 의해서든 많이 순화시켰기에, 결혼 이후 큰 고비 없이 잘 넘기는 것을 본다. 늦게 결혼하는 것이 꼭 단점이 될 수 없으며 장점도 있음을 깨닫고 소망을 가지기 바란다.

2. 2세 문제를 생각해야 한다

결혼 이후 어쩔 수 없는 불임 이유로 자녀를 갖지 못하는 경우가 있지만, 본인들이 원할 경우에는 자녀를 낳게 된다. 그렇지만 자녀를 낳아 양육하는 것은 대단한 노력과 희생, 그리고 체력을 요구한다. 젊은 엄마 아빠일수록 자녀들과 놀아 줄 시간이 많고 체력적으로 문제가 없지만, 나이든 엄마 아빠일수록 자녀의 성장을 따라가기가 체력적으로나 시간적으로 여간 버거운 것이 아니다. 그래서 이왕 결혼하려고 맘을 먹었다면 하루라도 빨리, 올해가 가기 전에 결혼할 결심을 굳히고 짝을 찾기 위한 노력을 게을리 해서는 안 될 것이다.

3. 결혼에 대한 준비를 더욱 알차게 잘해야 한다

어린 나이에 결혼했을 땐 결혼 후 시행착오가 좀 있더라도 회복하고 만회할 기회가 충분하지만, 늦은 나이에 결혼했을 경우엔 그러한 기회가 훨씬 줄어든다. 그러기에 남자나 여자가 늦게 결혼할 경우 어설프게 결혼 준비를 해선 안 되고 보다 철저히 체계 있게 준비를 잘해야 한다.

남자는 한 가정의 가장과 영적 지도자와 한 아내의 남편으로서의 역할을 잘 감당할 수 있도록 영적, 정신적, 현실적 준비를 잘해야 한다. 여자도 그와 동일하게 노력해야 한다. 그렇게 서로 노력하고 준비한 커플은 비록 출발은 늦었어도 결혼 이후 그 어느 부부보다 만족스럽고 행복한 결혼 생활을 영위할 수 있다.

4. 지나치게 '까다로운 배우자 기준'을 버리라

나이를 먹었음에도 여전히 20대처럼 허황된 배우자 기준을 갖고 있거나, 세상적 기준에만 의지해 내 배우자감을 고르려 한다면 참으로 비극이다. 사람은 나이가 들수록 영적으로나 정신적으로 성숙해지고 심플해져야 한다. 여전히 복잡함을 고집하거나 지나치게 까다로운 배우자 기준을 요구한다면 결혼의 기회는 점점 멀어진다. 아직 결혼의 복을 누리지 못한 만혼의 미혼 청년들은 차분히 스스로를 돌아보고 하나님 앞에서 점검받는 시간을 갖기 바란다. 이제껏 자신의 기준만을 앞세우고 자기 욕심만으로 배우자를 구한 잘못이 있다면 돌이키고 하나님 앞에 겸손히 무릎 꿇어라. 그러면 하나님께서 오랫동안 풀리지 않던 그대들의 결혼 문제를 쉽사리 풀어 주실 것이다.

5. 결혼에 대한 소망을 잃지 말라

아무리 노력해도 안 된다는 부정적 생각을 갖고 이성과 교제하면 결혼은 점점 멀어지게 된다. '이 나이에 무슨 결혼이야'라는 생각이나, '나 같은 사람이 행복한 결혼을 할 수 있을까'라는 회의적 생각, '너무 늙어 보여 상대방이 날 매력적으로 안 볼 거야'라는 선입견은 모두 결혼에 방해물이다.

오늘 이후 그러한 부정적 생각을 말끔히 털어버리고 거울 앞에서 자신을 향해 자신 있게 소리쳐야 한다. "나는 사랑받기 위해 태어난 사람이야!", "난 지금 결혼 기회가 없는 것이 아니라, 결혼할 맘을 먹지 않았을 뿐이야!", "난 올해 안에 반드시 결혼할 것이고, 주님께서 내게 가장 잘 어울리는 짝과 결혼시켜 주실 거야!"

이 글을 읽는 사랑하는 미혼 크리스천 형제자매들이여! 아직 짝이 없다고 낙심하지 말고, 결혼의 가능성이 희박하다고 절망하지도 말라. 좌절과 포기 대신 하나님께 다시 한 번 의뢰해라. 남들보다 많이 먹어버린 나이가 큰 장애물처럼 보일 수도 있겠지만, 앞서 이야기했듯 그것이 꼭 단점도 아니고 불가능한 결혼의 장벽이라고 생각하지도 말라. 하나님께서는 여전히 우리의 결혼에 관심을 갖고 계시며, 얼마든지 나이를 초월해서 결혼을 허락하신다. 내게 가장 어울리는 배우자를 예비하고 계심을 굳게 믿어라! 모두 아름다운 만남을 가지길 간절히 소망한다.

27

결혼의 찬스

많은 미혼 청년들이 자신에게 주어진 결혼의 찬스를 놓쳐 버리고 뒤늦게 후회하고 탄식하는 것을 보게 된다. 지난 한 해를 돌아보아도 자신에게 많은 선택 기회가 있었지만, 자기의 기준을 내려놓지 못하거나 인간적인 욕심에 치우쳐 스스로 고행의 길을 자처하지는 않았는지 되돌아볼 필요가 있다. 결혼 문제를 푸는 열쇠는 당사자인 본인의 손에 쥐어져 있음을 깨우칠 필요도 있다. 아무리 간절히 기도해도 주님께서 응답해 주지 않거나 자꾸만 만남과 결혼이 미뤄질 경우엔 스스로를 냉철히 되돌아보아야 한다. 어쩌면 본인이 하나님의 뜻에 불순종하고 있을 수도 있기 때문이다.

인간은 이 땅을 살아가면서 몇 번의 좋은 기회를 얻는다고 한다. 그중의 하나가 결혼의 찬스가 아닐까. 그런데 막상 그러한 찬스가 찾아와도 선뜻 결정하지 못하고 망설이거나 주위를 두리번거리거나 쉽사리 포기하는 경우를 종종 보게 된다. 지금보다 훨씬 더 좋은 조건의 배우자가 얼마든지 준비돼 있을 것이라는 환상은 말 그대로 환상에 불과하다. 나이를 먹어갈수록 현실을 직시하면 칼바람 부는 겨울 날씨처럼 냉혹함만 느껴질 뿐이다. 그처럼 현실이 점점 어려워지는데도 오늘날 많은 미혼 크리스천 청년들이 막연히 기도의 줄만 붙들고 또 한 해를 헛되이 보낼 위기로까지 내몰림을 보게 된다.

막상 결혼의 문턱을 넘어서면 결혼 성공자들은 결혼에 대해 안도하며 많이 차분해지고 현실적으로 바뀌는 것을 본다. 결혼 전에 그토록 바라던 기대치가 어리석고 헛되었다는 생각에 실소를 머금기까지 한다. 결혼은 이처럼 하기 전과 한 후가 극명하게 차이 나는 요술과도 같다. 그러기에 결혼 전에 자신만의 고집으로 오판해서는 안 되며 겸손히 자신의 부족을 인정하고, 자신만의 기준을 내려놓고, 하나님의 뜻을 다시 한 번 물어보는 지혜가 필요하다. 하나님께서는 우리를 강제로 독신으로 남게 해 고통에 접도록 만들지도 않으시며, 우리 욕심대로 채워주시지도 않는 분이라는 사실을 명심했으면 한다. 지금부터라도 자신을 냉철히 돌아보고, 스스로 움킨 채 고집 부리던 욕심을 내려놓고 주님께 다시 한 번 자신을 의탁해야만 한다. 결혼의 기회를 다시 한 번 주십사고 간절히 기도해야만 한다. 그대들의 그러한 간구에 주님께서는 반드시 응답해 주심을 믿어 의심치 말아야 한다.

이 글을 읽는 형제자매들 모두 섣불리 낙심해 결혼의 기회를 잃지 말고 행복한 결혼의 문을 통과해 복된 가정을 이루길 간절히 기도한다. 샬롬!

28

결혼의 비결

결혼을 꿈꾸는 미혼 청년들에게 올해 안에 결혼하는 비결 몇 가지를 제안하고자 한다. 이것을 실천하든 안 하든 그것은 자유지만, 그 결과에 대해서는 스스로 책임을 져야 할 것이다.

1. 목숨을 걸듯 사생결단으로 주님께 결혼시켜달라고 부르짖으라

간절히 기도하는 자에게 주님께서 응답해 주심은 당연한 것이다. 그런데도 일부 교만한 미혼 청년들은 주님 앞에 겸손한 마음으로 간절히 기도하지 않는다. 그리고 마치 결혼을 남의 집안일처럼 대수롭지 않게 생각하며 결혼을 크게 기대하지도 않는다. 만일 그러한 형제, 자매가 있다면 올해도 그냥 흘려보낼 위험성이 크기에 반드시 회개해야 할 것이다.

2. 결혼을 구체적으로 디자인하고 설계하라

결혼을 관념적으로만 생각하거나 공상 속에서만 꿈꾼다고 결혼이 이루어지지는 않는다. 현실에서 구체적으로 구현되도록 계획하고 준비하지 않으면 결혼은 언제나 공상이나 소설로 끝날 위험성이 크다. 그러기에 아직도 결혼을 현실이 아닌 관념으로만 꿈꾸는 이들이 있다면, 속히 현실에서 결혼식을 올리고 신혼 생활을 막 시작할 신랑, 신부처럼 생활 태도를 근본적으로 바꿔야만 한다.

3. 결혼의 문을 힘껏 두드리라

아직도 짝이 없다면 기도만 하지 말고 이제는 결혼의 문을 힘껏 두드려야만 한다. 짝을 찾는 노력을 게을리하면서 주님께로부터 결혼 기도를 응답받으려는 것은 '연목구어' 처럼 참으로 어리석은 행동이다. 진정 결혼을 원한다면 이젠 골방에서 뛰쳐나와 사방을 둘러 보아야 한다. 교회에서든, 직장에서든, 주위 사람을 통해서든, 아니면 전혀 기대치 못한 방법을 통해서든 주님께서 이끄시는 손길에 적극적으로 반응해야 함은 물론이다. 이제 때가 되었기에 주님께서 다급하게 인도하시는 것이니 거절치 말고 오히려 적극적으로 화답하는 것이 지혜로운 태도인 것이다.

4. 결혼 날짜를 구체적으로 정하라

구체적인 목표를 정하고 사는 사람과 아닌 사람은 삶의 태도가 확연히 차이가 난다. 결혼 문제도 마찬가지이다. 결혼을 진정 원한다면 주변 사람들에게 결혼에 미쳤다는 비난과 손가락질까지 감수할 각오로 결혼에 집중하고 매달려야만 한다.

올해 구체적으로 결혼할 날짜까지 정해 놓고 주변 사람들에게 그 사실을 부끄러워하거나 숨기지 말고 공개적으로 선언하고는 과감히 결혼을 향해 돌진해 나가라! 그렇게 했을 때 주님께서 당신에게 결혼을 허락해 주시나 않나 어디 한 번 두고 보라! 주님께서는 반드시 당신을 부끄럽게 만드시지 않을 테니 염려 말고 이대로 실천하기 바란다.

5. 배우자 기준을 낮추고 열등감을 극복하라

아무리 결혼하고 싶다고 해도 짝이 없다면 안 되고, 아무리 결혼을 소망해도 내 뜻대로만 구해도 안 되며, 언제나 주님의 기준과 뜻을 먼저 헤아려야만 한다. 그런데 이제껏 미혼 청년들의 결혼 상담을 통해 경험한 바로는, 대다수 미혼 청년들이 배우자 기준을 너무 높게 정해 놓고 그 기준에 맞는 짝을 아직 만나지 못했다며 무작정 기다리는 어리석은 행동을 보이곤 한다. 그것은 자기 욕심에 불과하며 하나님께서 우리를 결혼의 복으로 인도하시려는 계획과도 동떨어진 행동이다. 일단은 까다로운 눈높이를 낮추고 좀 더 낮은 자세로 이성을 바라볼 수 있기를 바란다. 더욱 낮추고 버리라고 명하셔도 순종할 수 있는 형제자매들이 되기를 바란다.

그리고 아직도 내면에 간직하고 있는 열등감이 있다면 과감히 떨쳐 버리고 주님 안에 새로운 피조물이라는 확신으로 일어서기 바란다. 오직 주님만 의지할 때 주님께서 그대들 모두에게 놀라운 기적을 베풀어 주실 것이며, 올해 안에 반드시 결혼의 복을 선물로 허락해 주실 테니까 말이다. 이 글을 읽는 모든 미혼자들이 올해에 모두 결혼하는 복을 누리기를 간절히 소망한다!

29

행복한 만남

　인생에 만남처럼 아름다운 것이 어디 있을까. 그렇지만 어떤 경우의 만남은 우리를 실망시킬 뿐만 아니라 극도의 회의와 환멸감에 젖도록 만든다. 특히 이성과의 만남은 우리를 행복의 길 또는 불행의 길로 이끄는 길잡이가 되기에 대단히 중요하다. 어떤 이는 그로 인해 위대한 예술가로 탄생하거나 탁월한 업적을 남기는 훌륭한 인물로 성장하기도, 또 어떤 이는 그로 인해 인생이 불행해지고 결국 파멸로 치닫는 경우도 있다.

　우리는 저마다의 이성상(像)을 꿈꾸며 살아간다. 그러나 우리가 바라고 흠모하는 이성상은 때로 비현실적이며 본인과 적합하지 않은 경우가 많다. 본인이 어떤 연예인이나 스포츠 선수를 좋아한다고 그 사람을 자신에게 적합한 배우자감으로 생각해서야 되겠는가. 그런데 안타깝게도 오늘날 많은 미혼 청년들이 그러한 환상 속에서 살아가는 것을 본다.

십대 청소년도 아닌, 결혼 적령기를 지난 미혼 청년들마저 그런 환상 속에서 현실을 망각한 채 뜬구름 잡듯 외모와 조건에 현혹되어 있는 모습을 볼 때면 어이없기도 답답하기도 하다. 영상 매체의 영향력이 날로 확대된 결과겠지만, 그렇다고 현실과 환상을 구별 못해서는 곤란하다. 특히 배우자감을 고를 때 이처럼 뜬구름 잡듯 접근했다가는 후회하거나 낭패를 경험하기 쉽고, 설령 그런 사람과 결혼했다손 치더라도 불행해질 확률이 높다.

이제껏 첫인상에 크게 좌우되었던 이들은 막상 맘에 드는 이성을 만나더라도 그 사람과의 교제에 무척 서툰 모습을 보인다. 긴 시간 여유롭게 만남을 가졌던 경험이 없기에 충분한 시간을 두고 상대방을 관찰하기보다 처음부터 지나치게 앞날을 예단하거나 성급하게 관계를 발전시키려 들기 때문이다. 그러다 보면 너무나 빨리 깊은 관계 속으로 빠져들거나 너무나 어이없이 관계가 깨지기도 한다. 이러한 양극단의 모습은 바람직하지 않으며, 차분하고 냉정히 교제하는 것이 필요하다.

또 다른 부류는 너무나 오랫동안 뜸을 들이며 교제하는 사람들이다. 그들은 처음 만나는 순간은 물론 한동안 절대로 속마음을 드러내거나 상대방에 대해 쉽게 결론을 내리지 않는다. 그들은 끈기 있게 상대방을 관찰하고 탐색하면서 무작정 오랜 시간 만남을 지속한다. 그러다 보면 상대방이 먼저 지치고 결국엔 그 관계가 깨어지는 아픔을 경험하기도 한다. 이런 사람들은 그토록 느긋하고 방관적인 태도에서 벗어나 상대방이 질리지 않도록 지혜롭게 행동할 필요가 있다.

이성을 만나 사랑을 느끼고 교제를 시작할 때처럼 짜릿하고 흥분될 때가 어디 있을까. 그렇지만 때로는 사랑 없이도 이성간의 만남과 교제가 성립될 수 있으며, 처음엔 단순한 호기심이나 호감 차원에서 이끌렸다가 뒤늦게 사랑의 감정으로 발전하는 경우도 있다. 아니면 애초부터 맘에 없었는데 주위 사람들의 성화나 강요에 떠밀려 만나 교제하는 경우도 있다. 또는 열악한 환경을 벗어날 목적으로 조건만 보고 만나 교제하는 경우도 있다.

　이유야 어쨌든 모든 만남에는 그에 따른 결과가 뒤따라온다는 것을 유념했으면 한다. 그냥 나도 모르게 그렇게 됐노라는 식의 논리는 순진한 바보들에게나 어울릴 법한 소리이다. 쾌락을 즐기려고 만났든, 잠시 시간 때우기 위해서든, 상대방을 통해 어떤 유익을 얻을 목적으로서든, 강요에 떠밀려서든, 아니면 본인이 좋아서 선택을 했든 그에 합당한 결과가 따라오게 마련이다. 만일 우리가 어떤 만남이든 그 만남을 통해 스스로 발전하거나 퇴보할 수 있음을 유념하고 만남을 가진다면 얼마나 신중하고 사려 깊겠는가. 본인과 상대방에게 유익한 만남, 발전의 계기가 되는 만남을 가지려 노력하지 않겠는가.

　아무리 좋아하는 감정이 있더라도, 상대방이 내게 아무리 달라붙어도 결코 발전적이지 않은 만남이라면 깨끗이 청산해야 할 것이다. 신앙 밖에서의 만남이 그러하며 실망스런 인격자와의 만남이 그러하다. 또한 거만하고 무시하는 사람과의 만남이 그러하며, 육적이고 충동적인 사람과의 만남이 그러하고, 거짓말을 되풀이하며 신뢰가 안 가는 사람과의 만남이 그러하며, 특히 이성 관계가 난잡한 사람과의 만남 등이 그러하다. 그렇게 심각한 경우만 아니라면 많은 경우 이성과의 건전한 만남은 우리를 발전시키며 성숙시키는 계기가 될 수 있으리라고 본다.

30

연애와 결혼

오늘날 세상은 결혼하지 않으려는 풍조로 뒤숭숭한데 교회 내에서는 결혼하고 싶어도 하지 못하는 미혼 청년들이 나날이 늘고 있으니 이 일을 어찌해야 할까. 결혼 적령기를 지나 이젠 결혼의 소망마저 잃고 지쳐 버린 미혼 청년들을 바라볼 때 필자는 한없는 연민과 동정을 금할 수 없다. 그들에게 어떻게든 도움을 주어야겠다는 생각은 굴뚝같은데, 막상 현실의 벽은 높기만 하니 답답할 뿐이다. 마치 결혼을 교회 사역과 별개로 구분 짓고 영적이지 않은 세속적 일인 양 잘못 바라보고 있는 한국 교회의 이원론(二元論)적 구습(舊習) 패러다임이 완전히 바뀌어야 하지만, 아직도 현실은 요원하기만 하다. 교회 안에 결혼하지 못한 미혼 청년들의 눈물의 기도가 강물이 되어 흐르는데, 한국 교회에서는 저들에게 눈을 감고 귀를 막은 채 기도하지 않았다거나 기도가 부족했다는 식으로 매도하니 이 얼마나 답답하고 슬픈 일인가.

필자는 이 문제를 놓고 예레미야처럼 탄식의 기도를 할 수밖에 없다. 속히 한국 교회가 미혼 청년들의 형편과 처지를 헤아려 '가정 사역'보다 훨씬 더 중요한 '결혼 사역'이 활성화되기를 간절히 고대할 뿐이다. 문제 가정을 위한 '사후 사역'만으론 한국 교회와 가정의 미래를 책임질 수 없으며, 문제 가정을 미연에 방지하는 '예방 사역'만이 그 해답이라고 필자는 이 자리를 빌어 다시금 간절히 호소하는 바이다.

화제를 돌려 오늘날 잘못된 연애 풍조에 대해 한마디 하려고 한다. 많은 젊은이들이 결혼하지 않으려는 이유가 여러 가지겠지만, 그 중의 하나는 결혼을 귀찮아하거나 연애 중단의 우려 때문이 아닌가 생각한다. 다시 말해서 연애는 좋지만, 결혼은 귀찮고 부담된다는 편의주의적 발상에 기인한 이유 때문이라고 할 수 있다. 대단히 실용주의적인 듯 보이지만, 한 꺼풀 벗겨 보면 대단히 이기적인 발로가 아닌가 생각한다.

이러한 세상 문화에 젖어든 일부 크리스천 청년들도 결혼을 안 해도 그만 아닌가 하고 가볍게 생각하는 것을 볼 때 너무나 안타까운 생각이 든다. 그렇다고 그들에게 뾰족한 답이 있는 것도 아닌데, 어떻게 인생을 설계하고 있는지 궁금하기만 하다. 만일 '독신의 은사'가 있다면 또 모를까, 단지 결혼이 현실적으로 어렵다거나 연애가 좋고 결혼이 귀찮아서 결혼을 회피하는 것이라면 한번쯤 심각하게 되돌아보길 권면한다. 결혼이 귀찮게 느껴지는 그 구체적 실체가 무엇인지 곰곰 곱씹어 보고, 그래도 정 결혼이 불필요하게 느껴진다면 혹시 독신의 은사가 아닌지 은사 체크를 해 보기 바란다.

그러나 만일 그렇지 않고 단지 연애의 즐거움과 쾌락을 위해서 결혼을 무작정 미루고 있는 미혼 크리스천이 있다면, 심각하게 자신을 되돌아보길 충고한다. 그것은 결코 성경의 가르침에 따르는 행동이 아니라, 자기의 생각과 육체의 욕심에 이끌리는 행동일 수 있기 때문이다. 본인이 의도했든 의도하지 않았든 어쩔 수 없이 결혼의 기회를 갖지 못한 경우가 아니라면, 가능하면 빨리 결혼하도록 서두르는 것이 좋다. 서두른다는 것이 무작정 준비 없이 결행하라는 뜻이 아니라, 마음을 그렇게 먹고 느긋하고 여유로운 방관자적 태도에서 속히 벗어나라는 것이다. 그렇게 마음의 태도를 바꿀 때에 비로소 주님께서 결혼의 문을 활짝 열어주실 것이다.

그렇다면 연애를 하고 싶어도 제대로 된 연애의 기회를 갖지 못한 미혼 청년들은 어떻게 해야 할까. 필자는 그런 이들을 위해 한국 교회가 마땅히 도움의 손길을 펼쳐야 한다고 생각하지만, 그렇다고 어느 세월에 그 일이 이루어질까 염려스럽고 한숨만 나올 뿐이다. 그러기에 그런 형제자매들은 스스로 적극적으로 발 벗고 나서야 한다. 이제껏 결혼 기도를 해 왔다면 이제는 구하고 찾고 문을 두드려야 한다. 열심히 결혼의 의지를 주변 사람들에게 알리고 좋은 사람이 있다면 소개시켜달라고 부탁도 하고, 혼자서 어려우면 친구나 교회에 부탁해 건전한 미혼 크리스천끼리의 단체 만남의 기회도 가지려 노력하는 것이 중요하다. 그렇게 하지 않으면 하늘에서 결혼 배우자가 뚝 떨어질 리 없기에 이러한 노력은 대단히 중요하다.

행여나 그런 일을 부끄러워하거나 믿음 없는 행동이라고 비웃는 독실한 크리스천 형제자매가 있다면, 지금 당장 그 오만과 편견에서 벗어나라고 충고를 하고 싶다. 독실하다는 것은 에세네파처럼 고립되거나 바리새인들처럼 편협하다거나 사두개인들처럼 오만하다는 뜻이 아니다. 진정 독실한 크리스천이라면 주님 앞에 겸손히 엎드려 자신의 부족함을 고백하고 도움을 간구하며, 현실에서도 가능성의 문을 찾아 열심히 두드리는 태도를 의미한다. 그것은 결코 자존심이 상하는 일도 아니고 주님의 도우심을 구하는 겸손한 믿음의 태도인 것이다.

필자가 이토록 강조하는 것은 그만큼 현실적으로 상황이 어렵다는 뜻이며 들을 귀 있는 자는 제발 들으라고 간곡히 호소하는 것이다. 이 글을 읽는 미혼 청년들에게 주님의 위로와 은총이 임하길 기도하며, 한가한 연애를 넘어서 현실의 결혼으로 방향을 틀기를 바란다. 이제껏 해온 것처럼 기회 부족을 탓하고 원망하지만 말고 분연히 떨치고 일어나 성큼성큼 다가가 결혼의 문을 힘차게 두드리길 진심으로 부탁한다. 주님께서 반드시 어렵고 외로운 처지에 있는 그대를 구제(救濟)하여 주실 것이다.

31

결 혼 시 즌 의 괴 로 움

필자는 이제껏 간절히 결혼을 소망함에도 결혼하지 못해 어려움을 겪는 미혼 청년들을 많이 만나 상담을 해 주었다. 그들의 한결같은 바람은 속히 좋은 짝을 만나 결혼하는 것이지만, 막상 그들의 내면을 들여다 보면 여러 장애물이 앞을 가로막고 있는 것을 많이 보았다. 결혼이 뜻대로 되지 않을 때 많은 미혼 청년들은 좌절하거나 낙담하거나 분노의 감정에 휩싸이곤 한다. 자신의 기대와 어긋나는 이 사회와 교회와 가정에 대해 원망의 화살을 날리기도 하며, 심지어 스스로를 자학하거나 이성에 대해 적개심을 품기까지 한다.

이유야 어쨌든 결혼하지 못하기 때문에 힘들고 스트레스를 받는다는 것이다. 왜 결혼하지 못했느냐는 각자의 처한 환경과 상황에 따라 원인이 다르겠지만, 결혼하지 못한 싱글인 상태로 남아 있다는 것은 그리 즐거운 일이 아님이 틀림없을 것이다.

자— 그렇다면, 사랑하는 미혼 청년들이여!
어떻게 하면 이 괴로움과 스트레스를 벗어날 수 있을까?

많은 미혼 청년들이 그러한 상황을 일시적으로 모면하기 위해 쾌락
으로 빠져들거나, 엉뚱한 일에 몰두함으로써 문제의 핵심에서 벗어나
려고 한다. 그리고 결혼에 아예 담을 쌓는 경우를 보는데 이는 모두 잘
못된 태도이다. 결혼을 지나치게 갈망하거나 결혼에 대해 환상을 품는
태도도 문제지만, 결혼을 아예 꿈꾸지 않거나 기대감을 접고 사는 것도
결코 바람직한 태도가 아님을 알아야 한다. 지난날 많은 상처가 있었든,
여러 번 시도했음에도 좋은 결과를 못 얻었든, 아니면 자신의 처지에서
원하는 배우자를 구할 수 없는 현실적 장애로 인해 두려움을 느끼든,
이유 불문하고 독신의 은사자가 아니라면 마땅히 결혼을 해야만 하고
기대를 품어야만 한다.

그렇지만 필자가 미혼 청년들을 상담하다 보면 의외로 결혼에 대한
기대감이 떨어지고 이성 교제 경험이 부족하여 결혼에 두려움을 느끼
는 이들을 종종 발견한다. 이런 부류의 청년들에게 가장 중요한 것은
이성과의 건강한 만남과 교제지만, 그런 기회가 쉽게 주어지지 않기에
안타깝게도 시간을 흘려보내는 경우가 많다. 그와 동시에 시급히 해결
되어야 하는 것은 결혼에 대해 품고 있는 마음의 부정적 태도이다. 마
음속으로는 은근히 결혼을 갈망하고 염원하지만, 미리 앞질러 포기해
버리는 형제자매를 보게 된다. 물론 그 이면에는 그들이 지난날 겪었던
마음의 상처와 여러 장애 요소들이 도사리고 있어 그러한 행동을 유발
하는 것이겠지만.

그런데 안타까운 것은 그러한 장애 요소들이 겉으로 쉽사리 드러나지 않는다는 사실이다. 필자도 결혼 상담을 해보기 전에는 미혼 청년들을 정확히 파악할 수 없기에, 미리 앞질러 섣불리 예단하지 않으려고 조심한다. 그러나 일단 결혼 상담을 하게 되면 대부분 문제의 원인을 정확히 찾아내고 결혼의 장애물을 제거시켜 결혼의 문턱으로 자연스럽게 인도하곤 한다.

이 글을 읽는 당신이 만일 미혼임에도, 더욱이 결혼 적령기를 지났음에도 여전히 결혼이 멀게만 느껴지거나, 결혼이 두렵게 느껴지거나, 결혼에 대해 별다른 기대감이 없거나, 결혼 문제로 인해 극심한 스트레스를 받고 있다면 다시금 주님께 결혼 문제를 놓고 진지하게 기도해 보기 바란다. 본인이 정말 결혼하고 싶어 하는지 아닌지, 결혼하려고 할 때 어떤 문제로 인해 괴로워하거나 실제 어려움을 겪는지 객관적으로 본인이 파악할 수 있도록 글로 써보는 것이 중요하다. 그런 방법을 통해 문제의 원인이 발견되었다면 그 문제를 극복하기 위한 노력을 기울여야 하며, 필자와 같은 결혼 사역 전문가의 도움을 받거나 본인이 노력하여 좋은 서적을 통하여 도움을 받기를 권면한다.

결혼은 어떻게 잘 준비하느냐에 따라 행복하고 아름다운 열매가 결정된다고 본다. 비록 결혼이 지연되었더라도 너무 낙담하거나 조급한 마음으로 서둘러 뒤늦게 후회하거나, 아무런 대책 없이 시간만 보내다 나중에 절망의 상황까지 내몰리지 말고 미리미리 기도로 마음의 준비를 해야 한다. 그리고 현실적으로도 결혼의 가능성을 향하여 조심스럽게 한 걸음씩 나아가야 한다. 골방에서 기도만 해서도 안 되고, 무작정 사람만 많이 만나서도 안 된다. 진실한 마음으로 기도하면서 성령님의 인도하심에 민감하게 반응하면서 주변 사람의 도움을 통하거나 본인 스스로 노력해서 사람을 만나야 하는 것이다. 결혼 시즌에 주변 사람들의 결혼 소식에 소극적으로 반응하지 말고, 오히려 적극적으로 반응하며 사람들로 인한 스트레스에 너무 연연하지 말고 결혼식장에도 찾아가 아낌없이 박수를 쳐 주길 바란다. 바로 다음이 당신 차례가 될 수도 있으니까.

이 글을 읽는 많은 싱글들에게 위로와 소망의 계절이 되길 바라며, 적극 돕는 복된 손길들로 인해 결혼 문제의 실마리가 하나씩 풀려지기를 간절히 소망한다. 덧붙여 당신이 먼저 닫힌 마음의 문을 열었을 때 상대방이 당신에게로 쉽게 다가오게 되고, 당신의 결혼의 가능성도 그만큼 높아짐을 염두에 두길 간곡히 권면한다.

32

쉽게 결혼하는 유형 vs 어렵게 결혼하는 유형

우리들의 삶 속에서도 자연의 교훈은 큰 유익이 된다. 우리 삶의 어딘가가 왠지 자연스럽지 못하다면 우리는 얼른 스스로를 되돌아봐야 한다. 그런데도 많은 이들이 자신을 성찰하기보다 주변이나 환경, 다른 사람들에게서 문제의 원인을 찾으려 두리번거리다가 시간을 낭비하고 결국 더 큰 낭패를 경험하곤 한다. 만일 형제자매 중에 결혼할 나이가 꽉 찼거나 지났음에도 결혼에 아무런 진전이 없고 답보 상태에 놓여 있다면, 심각하게 자신을 되돌아보길 권면한다. 전혀 심각성을 깨닫지 못하거나 아예 하나님 앞에 '배 째라'는 식의 극단적 태도는 전혀 결혼 문제 해결에 도움이 되지 않는다. 결혼은 분명 하나님의 인도하심과 축복하심이 있는 인생의 가장 소중한 사건이다. 그렇지만 우리가 심적으로나 영적으로나 현실적으로 그 사건을 나의 현실로 받아들일 준비를 하지 않는다면, 우리는 기대와 달리 결혼의 문턱에서 번번이 미끄러지거나 아예 결혼 문턱에도 다다르지 못하는 비극의 주인공이 될 수도 있다.

이제껏 미혼 청년들을 모아 놓고 결혼 세미나를 개최하거나, 결혼 상담을 해 보면 "아하! 이 청년은 쉽게 결혼하겠구나!", "저런, 이 청년은 결혼에 1~2년은 걸리겠구나!", "오, 주님! 이 청년을 어찌하오리이까? 언제쯤 이 청년을 결혼시키시려나이까?" 하는 판단이 쉽게 내려지는 것을 경험한다. 그렇지만 안타깝게도 당사자들은 이런 사실을 까맣게 모른다는 데 문제의 심각성이 있다. 결론적으로 쉽게 결혼하는 유형과 어렵게 결혼하는 유형을 20가지 정도로 정리했으니 참고하고 고집을 꺾거나 회개하여 주님의 축복 속에 결혼하는 복을 누리길 기원한다.

쉽게 결혼하는 유형

1. 결혼에 대해 확고한 의지가 있다.
2. 결혼관이 잘 정립되어 있다.
3. 배우자상이 명료하고 단순하다.
4. 결혼 장애 요소가 없다.(있었어도 극복한 상태다)
5. 부모의 금슬이 좋다.
6. 부모의 개입/간섭이 지나치지 않다.
7. 날마다 행복한 결혼을 꿈꾼다.
8. 성품/태도가 겸손하고 부드럽다.
9. 남의 조언을 잘 받아들인다.
10. 성격적으로 모나지 않다.
11. 신앙적으로 모나지 않다.
12. 자신만이 최고의 배우자감이라고 생각하지 않는다.
13. 자기보다 월등한 수준의 배우자감에 눈독들이지 않는다.
14. 배우자를 찾기(얻기) 위해 결혼 기도법에 따라 성실히 기도한다.
15. 배우자를 찾기 위해 실제로 열심히 노력한다.

16. 이젠 더 이상 무턱대고 새로운 이성을 찾지 않겠다고 결단한다.

17. 내게 문제가 있어 결혼이 어렵다(늦어졌다)고 순순히 시인한다.

18. 자기 발전과 부족한 면을 채우기 위해 부단히 노력한다.

19. 결혼의 때를 구체적으로 정하고 한 걸음씩 전진한다.

20. 무작정 재거나 망설이지 않고 용기 있게 결혼을 결정한다.

어렵게 결혼하는 유형

1. 결혼에 확고한 의지가 없다.

2. 결혼관이 정립되어 있지 않다.

3. 배우자상이 불명료하고 복잡하다.

4. 결혼 장애 요소가 있다.(노력중이지만 아직 극복 못한 상태다)

5. 부모의 금슬이 나쁘다.

6. 부모의 개입/간섭이 지나치다.

7. 날마다 불행한 결혼을 예감한다.

8. 성품/태도가 오만하고 거칠다.

9. 남의 조언을 거의 무시한다.

10. 성격적으로 모나다.

11. 신앙적으로 모나다.

12. 자신만이 최고의 배우자감이라고 생각한다.

13. 자기보다 월등한 수준의 배우자감에 눈독 들인다.

14. 배우자를 찾기(얻기) 위해 자기 욕심껏 기도한다.

15. 배우자를 찾기 위해 실제 아무 노력도 기울이지 않는다.

16. 아직도 무작정 새로운 이성을 만나려 헤맨다.

17. 내게 문제는 없고 상대방이나 환경이 문제라고 원망한다.

18. 자기 발전과 부족한 면을 알면서도 체념하거나 자포자기한다.

19. 언제쯤 결혼할 것인지 확신이 없고 막연하다.

20. 끝까지 재고 따지고 망설이면서 결혼을 주저한다.

5부

그래도 난
멋진 결혼을 꿈꾼다

33

결혼을 기다리는 마음

결혼 문제로 고민하는 많은 청년들과 상담을 하면서 필자는 굳이 가을로만 국한시킬 수 없는 미혼자의 만성 가슴앓이를 발견한다. 아무리 찌는 듯한 한증막 더위라 할지라도 결혼을 갈망하는 싱글들에게는 외롭고 썰렁할 뿐이다. 바다에서도, 산에서도, 도심 한복판에서도, 골방에서도 싱글들은 언제나 허전하고 싸늘한 가슴을 덥혀 줄 온기(溫氣)를 그리게 마련이다. 그런데도 아직도 내 짝이 나타나지 않고 있으니 이 일을 어찌해야 할까?

결혼을 기다리는 마음은 분명 사람마다 차이가 있다. 어떤 이는 아예 결혼에 관심도 없을 수도, 시큰둥할 수도, 은근히 기다릴 수도, 간절히 애타게 소망할 수도 있다. 오늘날 결혼하지 않고 홀로 지내는 싱글족들조차 정말 결혼에 무관심한 이는 그리 많지 않아 보인다. 여러 가지 개인 사정과 형편 때문에 결혼을 늦추거나 못한 쪽이 순수 독신자

비율보다 훨씬 높아 보인다. 그런데도 왜 자꾸만 결혼을 후순위로 밀쳐놓으려는 것일까? 이는 매우 잘못된 태도라 여겨진다.

싱글족의 문제는 일단 이 정도 선에서 그친다. 그렇다면 정작 결혼을 간절히 바라는 이들은 왜 쉽사리 결혼하지 못한 채 힘든 시간을 보내고 있는 것일까? 그들에게는 어떤 문제점들이 내면에 도사리고 있는 것일까? 그들이 정말 결혼을 진지하고 절실하게 갈망하며 닫힌 결혼의 문을 열기 위해 실제로 애쓰고 있는 것일까?

첫 번째 문제점은 결혼에 대한 그들의 솔직하지 못한 이중적이며 자기기만적 태도이다.

오늘날 우리 주위를 돌아보면 겉으로는 결혼에 아예 신경도 안 쓰는 척하면서 실제로는 환상적 결혼을 꿈꾸는 이들이 의외로 많다. 그들은 싱글족도 아니면서도 싱글족인 척하거나, 결혼을 바라면서도 결혼족으로 놀림을 받거나 수준 낮다는 평을 들을까봐 엉뚱하게 결혼에 무관심한 척하는 경향을 보인다. 그렇지만 이는 대단히 잘못된 행동이며 이러한 이중적이고 기만적 태도로는 결혼 문제를 결코 해결 받을 수 없다.

결혼은 그런 식으로 자신을 속이고 기만하거나 이웃들에게 가면을 쓴 모습을 비춰서는 안 된다. 때로는 자존심이 상하는 것 같아도 결혼하지 않는(아니 실제론 못하는) 이유를 자신과 제 삼자에게 분명히 털어놓아야 한다. 자기 자신과 진지하게 이 문제를 놓고 솔직하게 대화해야 함은 물론, 주변 사람들의 성화와 질문에도 명쾌하게 답변을 제시해야 한다는 말이다. 만일 그렇지 못하다면 그 사람은 비겁한 사람이며 결혼에 대해서도 이중인격자라고 말할 수 있다. 만일 이 글을 읽는 당신이 그러하다면 당장 뉘우치고 진실한 마음을 회복하기 바란다.

두 번째로는 자신을 객관적으로 볼 수 있는 안목을 갖추지 못한 미성숙함이다.

많은 미혼 청년들이 결혼하지 못한 이유를 환경과 상대방 이성에게서 찾으려고 하는 나쁜 경향을 보인다. 그렇지만 이는 아주 유치하고 잘못된 습성이다. 그러한 습성에 길들여지거나 고착된 사람은 아무리 나이를 먹어도 결혼할 수 없으며, 아무리 좋은 사람을 만나도 그 가치를 제대로 발견할 수 없다. 아무리 자기 맘에 든다고 끈질기게 쫓아가도 결국 상대방으로부터 거절당할 수밖에 없는 법이다. 왜냐하면 본인 스스로를 객관적으로 분석하고 평가할 수 있는 지혜로운 안목이 결여되어 있기 때문이다.

만일 아직도 자신이 결혼을 원하지만 결혼하지 못하고 있을 경우, 내게 어떤 문제가 있는지 냉철하게 점검하고 고칠 것은 당장 고치고 버릴 것은 과감히 버려야만 한다. 그래야만 좋은 만남의 길로 들어서고 행복한 결혼으로 인도받을 수 있는 것이다. 아직도 제 잘난 멋에 산다며 결혼 적령기를 맞았거나 지났음에도 싱글족이네 연애주의자네 하고 떠들어대서는 안 된다는 말이다. 독신 은사도 없이 일평생 경건하게 홀로 산다는 것은 거의 불가능하다. 특히 오늘날처럼 음란하고 성적으로 문란한 시대에는 더욱 그렇다. 행여나 미혼 크리스천 중에 그렇게 겉멋든 사람이 없기를 바란다.

세 번째로는 제 수준에 맞는 짝보다 수준 이상의 짝을 학수고대하는 어리석은 태도이다.

만물의 피곤함을 사람이 말로 다 할 수 없나니 눈은 보아도

족함이 없고 귀는 들어도 차지 아니하는도다(전 1:8).

사람은 눈으로 보는 것에 만족할 수 없고 욕심도 한이 없는 존재다. 만일 무조건 내 욕심껏 내가 바라는 대로 구하고 찾는다면, 우리는 일평생 내 반려자를 만날 수 없을지도 모른다. 아무리 그렇게 찾고 구해도 제 수준을 정확히 파악하고 얼른 자기 수준에 맞는 짝으로 눈길을 돌리지 않으면 영원히 결혼하지 못할 수도 있다. 결코 내 수준에 맞는 짝으로는 내 마음을 만족시킬 수 없기 때문이다.

이 글을 읽는 당신이 거울 앞에 서서 진지하게 자신과 대화를 나눌 수 있기를 바란다. 결혼을 기다리는 당신 마음에 어떤 문제점이 있는지 돌아보고, 과감히 깨뜨리고, 미련 없이 버리고, 겸손하게 낮추길 주님의 이름으로 간곡히 부탁한다. 샬롬!

34

결혼 문제로 고민하는
미혼 청년들에게 가장 필요한 것

결혼 문제로 고민하는 미혼 청년들에게 가장 필요한 것이 무엇일까? 그 해답을 알면 문제가 쉽게 풀리겠지만, 의외로 많은 미혼 청년들이나 주변 사람들이 그 사실을 몰라 혼란을 겪는 것을 본다. 결혼 적령기를 맞았거나 지났음에도 쉽게 결혼하지 못할 경우 당사자나 그 부모, 심지어 주변 사람들까지 덩달아 안절부절못하는 모습을 보이는데 이는 바람직하지 않은 행동이다. 급한 마음에 아무나 눈에 띄는 대로 소개시켜 준다거나, 결혼 정보 회사에 가입해 상처를 받게 하거나, 불안한 마음에 나이나 주변 환경에 쫓겨 결혼을 쉽게 결정해 버릴 경우 돌이킬 수 없는 낭패를 겪을 확률이 그만큼 높아진다. 이럴 때일수록 숨을 깊이 몰아쉬고 길을 돌아가는 지혜가 필요하다.

결혼은 서두른다고 되는 것도 아니고 서둘러서도 안 된다. 사람은 독신의 은사자가 아닌 한 반드시 결혼하게 되어 있다. 다만 우리들의 잘못된 결혼관과 배우자 기준이 걸림돌로 작용하는 것이 문제이다. 그러나 특별히 배우자 기준이 까다롭지 않음에도 결혼 문이 쉽사리 열리지 않을 경우, 다음의 사항을 체크해 보아야 한다.

첫째, 가족적 장애 요소가 없느냐이다.

부모로 인한 상처와 갈등과 앞서 결혼한 형제들로 인한 장애 요소 등을 말한다.

둘째, 개인적 장애 요소가 없느냐이다.

개인적인 열등감과 잘못된 배우자 기준과 지난날 실패한 이성 교제에 대한 미정리로 인한 장애 요소 등을 말한다.

셋째, 영적 장애 요소가 있느냐 없느냐이다.

스스로 자기도취나 기만에 빠져 있거나 영적 착시 현상에 빠져 있는 것, 세상 가치와 하나님 나라 가치를 동시에 추구하려거나, 잘못된 직통 계시 혹은 불신자와의 결혼 선택 갈등으로 인한 장애 요소 등을 말한다.

넷째, 환경적 장애 요소가 없느냐이다.

주변 환경이 결혼에 부담되고 적합하지 않거나, 교회나 사회나 가정에서 결혼하기 어려운 분위기로 인한 장애 요소 등을 말한다. 먼저 이러한 장애 요소를 점검해 보고 치유 받지 않을 경우, 결혼 문제가 더 꼬이고 해결에 의외로 더 많은 시간을 필요로 할지도 모른다. 그러기에 전문 사역자를 통한 결혼 상담이 필요하며 부끄러워하지 말고 도움을 요청하는 용기가 필요하다 하겠다.

35

싱글보다 나은 커플

오늘날 싱글의 유익에 대해 언론에 많이 보도되고 있고, 화려한 싱글의 삶을 부추기는 광고 카피들을 많이 보게 된다. 만일 싱글이 그토록 아름답고 행복한 삶이라면 굳이 커플이 될 필요도 없고, 억지로 결혼해야 할 필요는 없다고 본다. 그렇지만 성경은 우리들에게 싱글에 대해 커플보다 나은 삶이라고 격려하지 않는다. 오히려 독처하는 것이 좋지 않다며 속히 싱글에서 벗어나 커플이 되라고 권면한다.

바울 사도의 서신에서 홀로 지내며 주님 오실 날을 대망하라는 권면은 그 당시의 절박한 종말 의식의 반영이므로, 그것을 성경 전체의 교훈으로 확대하는 것은 무리라 본다. 또한 바울 사도와 같은 독신의 은사자가 아닌 일반인들에게는 실천하기 어려운 권고이기도 하다. 아무튼 싱글의 삶보다는 커플의 삶이 보다 성경적이며, 여러 면에서 유익하다는 것을 전도서 4장 9-12절 말씀은 분명히 우리들에게 일깨워 주고 있다. 그 내용을 구체적으로 살펴보면 다음과 같다.

1. 두 사람이 한 사람보다 나음은 저희가 수고함으로 좋은 상을 얻을 것임이라(9절)

혼자서 받는 상급도 있지만 둘이서 함께 받는 상급이 크다는 것이며, 함께 수고함으로 받는 상이 더 좋은 상이라는 말씀이다. 그럼에도 아직 홀로 지내며 독신의 삶을 굴레가 아닌 자유와 해방으로 착각하며 시간을 흘려보내고 있다면 심각하게 재고해 보아야 할 줄 안다. 자칫 시간 낭비가 될 위험성이 그만큼 커지기 때문이다.

2. 혹시 저희가 넘어지면 하나가 그 동무를 붙들어 일으키려니와 홀로 있어 넘어지고 붙들어 일으킬 자가 없는 자에게는 화가 있으리라(10절)

이 세상은 홀로 살아가기 힘든 곳이다. 우리는 늘 승리하고 은혜 충만하게 살고 싶지만 인생이 그리 녹록치 않은 것이 사실이다. 살다 보면 질병이나 사고나 이별이나 실패 등의 온갖 어려움에 직면할 때가 많다. 혼자서 감당하기 어렵고 이겨내기 힘들 때 우리는 자칫 극단적인 선택을 할 위험성에 직면한다. 아무도 곁에 없다는 사실은 우리로 하여금 우리 스스로를 가볍게 생각하도록 부추길 위험성이 있다.

또 혼자서 뜻하지 않은 어려운 시험과 환란에 직면하면 자포자기하거나 비관적인 생각에 사로잡히기 쉽다. 만일 그럴 때 누군가가 곁에서 격려해 주며 일으켜 준다면 얼마나 큰 위로와 힘이 되겠는가. 쓰러져 넘어진 것도 서럽고 슬픈데, 곁에 아무도 없다면 그보다 더 비참하고 쓸쓸할 때가 어디 있겠는가? 부디 올해가 가기 전 싱글에서 벗어나는 당신이 되길 진심으로 기도한다.

3. 두 사람이 함께 누우면 따뜻하거니와 한 사람이면 어찌 따뜻하랴 (11절)

날씨가 쌀쌀해지면 싱글들은 옆구리가 너무 허전해진다. 굳이 겨울이 아니더라도 싱글들은 항상 옆구리가 썰렁하며 따뜻한 온기를 그리워하게 된다. 그럼에도 난방이 잘 되는 오피스텔이나 아파트 안에 거주한다고 냉기에서 해방되는 것은 아니다. 우리의 마음과 영혼의 추위는 그런 외부 조건만으로 해소되긴 어렵다. 보다 근본적인 원인 치료가 필요한 법이다. 싱글이 아닌 커플이 되어야만 그 원초적 그리움과 냉기는 사라질 것이다. 그러기 위해서 우리 스스로 겸손히 주님 앞에 춥다고 고백하며 냉기를 벗어나도록 도와달라고 기도해야 하는 것이다.

4. 한 사람이면 패하겠거니와 두 사람이면 능히 당하나니 삼겹줄은 쉽게 끊어지지 아니하느니라(12절)

홀로 견뎌내기 어려운 시험과 세상의 환난, 그리고 영적 전쟁이라도 두 사람이라면 능히 이겨내게 된다는 것이다. 홀로 싸움터에 나가면 쉽게 패하지만, 둘이 짝을 지어 나가면 능히 이기게 된다는 것이다. 혼자서 아무리 독불 장군인 척해 봐야 나중엔 비참한 패잔병으로 전락하기 쉽다는 경고의 말씀이다. 그만큼 세상이 만만치 않고, 이 세상을 홀로 견뎌내기에는 유혹과 도전이 너무 거세다는 뜻이다. 주님 안에서 커플로 맺어진 이들에게는 두 겹줄이 아니라 삼 겹줄의 축복을 허락해 주신다는 것이다. 주님 없이 단 두 사람만의 사랑과 결혼으로는 불완전하다는 뜻이다. 쓸데없는 오만과 부질없는 싱글을 고집부리지 말고 주님의 은혜로 아름다운 짝을 만나 커플로 맺어지는 축복을 누리는 형제자매들 되길 간절히 기원한다.

36

결혼이 낯선 이유

　많은 미혼 청년들이 연말이 가까워옴에 따라 동요하는 모습을 보인다. 그러나 어떤 이들은 여전히 아무런 감정의 동요 없이 자신의 일에만 몰두하는 모습을 보인다. 물론 어느 누구도 잘못이라고 비난할 수는 없다. 그렇지만 준비 없이 맞이하는 비극은 부끄러운 일이다. 고난을 미리 준비한 자는 낙담할지언정 절망하지는 않는다. 이별의 슬픔을 경험한 자는 눈물을 흘릴지언정 이별 자체를 부끄러워하지 않는다. 진실한 사랑으로 오랜 시간 불면의 밤을 아파했던 사람은 결코 사랑했던 이를 원망하고 미워하거나 스스로를 질책하지 않는다. 스스로의 양심에 떳떳하기 때문이다.

　오늘도 많은 이들이 사랑에 굶주린 채 그리움을 목말라 한다. 그러나 많은 사람은 안타깝게도 사랑의 허기와 그리움을 육신의 욕망으로 오인하거나 왜곡하여 정욕의 해소를 갈구한다. 다 틀린 것이 아니고 무조건 비난할 수도 없는 일이다. 얼마나 힘들면 그렇겠는가. 또 다른 이들은 사랑의 허기와 그리움을 아예 외면한다. 애초에 그런 수렁에 빠지는 것을 두려워하며 아예 담을 쌓고 전혀 다른 세상사나 관심사에 몰입한다. 어떤 사람은 주식 투자에, 어떤 사람은 오로지 공부에, 또 어떤 사람은 미친 듯이 직장 일에, 또 어떤 사람은 죽자살자 헬스와 미용에, 그리고 어떤 이들은 식도락이나 쇼핑, 취미, 오락, 스포츠 경기 따위 등에 몰입한다.

또 어떤 이들은 사랑의 허기와 그리움을 적으로 돌려놓고 징기스칸처럼 정복하려고 덤벼든다. 거절의 상처를 일거에 반전시키기 위해 오랜 세월 와신상담하다가 마침내 상대가 나타나면 마치 철천지 원수를 만난 듯 사납고 거칠게 몰아붙이며 기어이 상대방을 정복하고 짓밟고서 쾌감을 느낀다. 비인격적인 말과 폭력으로, 무력을 불사한 섹스로. 상대방이 얼마나 상처를 입고 후유증을 겪는지 전혀 아랑곳 않고서 말이다. 또 어떤 이들은 사랑의 허기와 그리움을 남의 집을 엿보듯 훔쳐보기만 한다. 주변의 친구들이나 지인들의 사랑에 무관심한 척하면서도 두 귀를 쫑긋 세운 채 신경을 곤두세우고, 드라마나 영화는 물론 연예지나 인터넷을 기웃거리며 남들의 사랑 이야기에서 갈증과 허기를 해소하려고 안달한다. 언제나 방관자적인 위치에서.

그렇지만 또 어떤 이들은 사랑의 허기와 그리움을 있는 그대로 받아들이고 겸손히 무릎 꿇는다. 신앙이 있는 이는 주관자 되신 주님 앞에 낮고 낮은 포복의 자세로, 신앙이 없는 이는 스스로의 발 앞에 부끄러움마저 내던지고 전에 없이 숙연하게. 그런 다음 스스로에게 질문을 던진다.

"나는 정녕 결혼을 원하는가?"

"나는 왜 아직까지 결혼하지 않고 사는가, 아니 못한 것은 아닌가?"

"나의 결혼 문제에서 가장 근본적인 문제와 해결책은 대체 무엇인가?"

"나는 왜 이처럼 결혼을 낯설어하고 있는 것인가?"

텔레비전 채널 돌리듯 가볍게 감정을 처리하거나 이불 속으로 비겁하게 도망치지 말고, 내 완악한 가슴을 두드리며 애통해하고 주님께 사랑을 달라고 눈물로 갈구하는 멋진 그리스도의 자녀들이었으면 좋겠다. 하룻밤 아무 말 없이 조용한 음악의 품에 안겨 소리 없이 제어할 수 없는 격정에 흐느끼며 애틋한 감정에 흠뻑 잠겨 보는 것도 좋을 것이다. 눈물은 우리의 영혼과 마음을 정화시키고 치유하는 보약이니까 말이다.

아직도 결혼이 낯설게 느껴지는가? 그 낯섦의 이유가 무엇인가? 낯섦을 극복하고 해결할 수 있는 길은 어디에 있을까? 주님께서는 이미 길을 예비해 놓으셨고 당신의 자녀들이 결혼을 진지하게 준비하라고 권면하신다. 필자와 함께 그 길로 들어서고 싶지 않은가? 이제 그만 칙칙하고 음습한 '솔로의 굴'에서 탈출하라! 더 이상 '솔로의 행복' 따위를 운운하거나 스스로를 기만하지 마라! 그리고 참담한 '솔로의 신세'를 한탄하거나 자학하지도 마라! 길은 이미 내가 모르는 곳에 예비되어 있고, 내 미래의 배우자도 날 학수고대하며 기다리고 있을지도 모른다. 다만 내가 그 길을 가지 않으려 뻗대고, 오만하고, 지쳐 있고, 두려워하고 , 지나친 슬픔에 잠겨 있고, 회한과 후회의 상실감에 젖어 있고, 어리석은 쾌락에 빠져 있고, 까맣게 모른 채 엉뚱한 곳에서 헤매고 있을지도 모를 일이다. 이 글을 읽는 이들의 미래를 위해 기도하며, 겸손한 용기를 기대한다.

37

결 혼 유 감

오늘날 우리 주변을 돌아보면 결혼에 대해 지나치게 상업적이고 과시적이고 감각적이고 즉흥적이며 부화뇌동이 극에 다다른 듯한 느낌을 지울 수 없다. 그러다 보니 정작 결혼을 못한 이들은 뭔가에 쫓기듯 허둥지둥 서두르게 되고, 또 결혼하는 이들조차 뭐가 뭔지 정신을 못 차린 채 이리저리 이끌려 다니며 연예인처럼 사진 찍고, 드레스 고르고, 예식장을 잡고, 청첩장을 돌리고, 하던 일을 말끔히 정리하지도 못한 채 뭔가 뒤끝이 찜찜한 기분으로 결혼식장에 헐레벌떡 나타나 빠듯한 일정에 쫓겨 번갯불에 콩 볶아 먹듯 해치우는 결혼식장 풍경은 우리 시대의 슬픈 자화상이기도 하다. 왜 그렇게 쫓기듯 결혼을 맞이하고, 결혼식을 치러야만 할까? 우리 크리스천들만이라도 뭔가 다르게 결혼을 준비하고, 엄숙하고 경건한 분위기 속에서 차분하고 절도 있게 결혼식을 치러야 하지 않을까?

단지 주례를 목사님으로 모셨다고 해서 경건한 결혼식이 아니며, 꼭 일반 예식장에서 결혼식을 치른다고 모두 불경건한 결혼식도 아님을 이해해야 한다. 결혼을 준비하는 과정 과정에서 주님의 손길과 인도하심이 있어야 하며, 모든 것을 주께 맡기고 진지하고 경건한 자세로 혼인날을 기도로 준비해야 한다. 그렇지 않는다면 크리스천들의 결혼이라 하더라도 일반인들의 그것과 별반 차이가 없는 결혼식이라 생각된다.

사랑하는 미혼 크리스천 형제자매들이여!

아직 결혼 기도에 응답을 받지 못한 미혼 청년들은 마음에 알지 못할 서운함 또는 분노의 감정, 혹은 수치심과 좌절감에 흐느낄지도 모를 일이다. 그렇지만 고개를 들어 주님을 바라보기 바란다. 그리고 똑똑히 주님의 음성에 귀 기울이기를 바란다. 이제껏 정말 본인이 주님의 세미한 음성에 귀를 기울여 오지 않았다면 회개해야 할 것이고, 만일 귀를 기울였음에도 아직 답보 상태라면 한번 스스로를 냉철히 돌아보기 바란다. 그 동안 자신의 결혼 문제를 놓고 아무런 기도를 드리지 않았다면 마땅히 스스로를 책망해야 할 것이고, 이제껏 열심히 결혼 기도를 했음에도 아직 응답을 받지 못했다면 그 결혼 기도를 재점검해 보아야만 한다.

무지의 죄가 큰 죄이듯 결혼 기도에 대해서, 그리고 결혼을 준비하는 성경적 방법에 대해서 알지 못한 것은 결코 자랑이 아니라 부끄러운 일이다. 이제껏 모르고 결혼 기도를 내 욕심껏 잘못 구했다면 필자가 쓴 『결혼 기도법』을 읽고 점검하시기 바란다. 마땅히 이성 교제의 기회를 가질 수 없었거나 현재 겪고 있는 싱글의 굴레를 벗어날 수 있는 방법을 몰라 혼자서 끙끙 앓고 계시다면 속히 자존심을 내려놓고 주님께서 사람을 통해 내미는 손길을 잡아야 할 줄 안다. 이는 결코 부끄럽거나 한심한 일도, 더더구나 믿음 없는 행동도 아니다. 주님께서는 결혼 기도의 응답을 대부분 사람을 통해 주시니까. 혹 결혼에 대해 사무친 원한을 품고 있는 이가 있다면 속히 그 원한의 맺힌 감정을 풀고 주님 품에 안기기 바란다. 그리고 자신에게 다가오는 수많은 가능성들을 새롭게 믿음의 눈으로 바라보기 바란다. 그런 연후에 주님과 골방에서 무릎 꿇고 마주앉아 진지하게 대화를 나누기 바란다.

> 오, 주님! 정녕 이것이 주께서 베푸시는 구원의 손길입니까? 주님, 이것이 정말 주께서 제게 약속하셨던 결혼 기도의 응답이란 말입니까? 만일 이것이 주의 뜻이라면 순종하겠사오니, 교만과 자존심을 내려놓고 겸손히 주님 뜻에 따를 수 있도록 힘 주시고 용기를 주시고 여건을 허락해 주시옵소서. 포기하지 않고 문을 두드릴 수 있도록 인내심을 허락해 주시옵소서. 아멘.

아무쪼록 이 글을 읽는 모든 싱글들이 올해가 가기 전 솔로의 굴에서 벗어나 커플의 보금자리로 옮겨 안식을 누릴 수 있기를 진심으로 기도한다.

38

빈 자(貧者) 와 탕 자(蕩子)

자연은 우리들에게 빈자(貧者)의 철학을 일깨워 준다. 부유함의 부끄러움과 헛됨을 깨닫지 못한 자는 결코 자연의 이치를 터득할 수 없다. 우리 주님께서 자연을 지으시고 그 자연의 이치 속에 진리를 감춰 놓으셨지만, 오늘날 현대인들은 그 진리를 까맣게 모르거나 너무 가벼이 여겨 무시하곤 한다. 마치 과학 문명이 구세주라도 되는 양 어리석게 첨단 과학을 맹신하고 있다.

오늘날 어떤 이들은 컴퓨터를 과신하여 생의 반려자를 찾기 위해 컴퓨터 점을 치거나, 또 어떤 이들은 컴퓨터가 짝 지워 주는 커플에 큰 기대를 품고 만남을 갖기도 한다. 그렇지만 우리의 배우자는 그러한 인간적 노력에 의해서만 찾아지지 않음을 알아야 한다. 설령 그런 도구가 필요악처럼 용인된 세상이지만, 결정적 선택권은 바로 우리 자신에게 있고 하나님의 인도하시는 손길에 있다는 사실을 잊어서는 안 된다. 일평생 후회하지 않을 결혼을 위해서는 앙상한 가지의 겨울나무처럼 모든 욕심을 내려놓고 두 손 모아 하늘을 우러러보아야 한다. 그래야만 하늘로부터 내려오는 복된 은총을 누릴 수 있을 것이다.

사랑하는 미혼 크리스천 형제자매들이여!

아직도 결혼 문제가 꽉 막혀 있는가? 어디서부터 손을 대고 어떻게 난관을 헤쳐 나가야 할지 막막하고 눈앞이 캄캄한가? 조용히 두 눈을 감고 주님을 바라보기 바란다. 모든 욕심과 자기 의를 내려놓고 겸손히 무릎 꿇고 하늘을 우러러 연약한 죄인됨을 고백하기 바란다. 혹시 자신이 아직도 주님의 뜻에 불순종하여 결혼 못하는 어리석음을 범하고 있지는 않은지 스스로를 돌아보기 바란다.

쏜 화살이 과녁을 빗나간 것을 뜻하는 성경 원어적 죄([히]하타, [헬] 하마르티아)의 개념처럼, 복된 결혼과 가정을 허락하시려는 주님의 뜻 (의도)을 벗어난 모든 것이 잘못된 고집과 욕심에 의한 죄임을 깨달아야 한다. 주님께서 그토록 바라시는 결혼의 은총을 스스로 가벼이 여기고 거절해 왔다면, 이는 엄청난 불경죄이며 아버지의 마음을 아프게 한 오만한 죄임을 인식해야 한다. 우리 주님께서는 그대들을 사랑하시고, 믿음 안에서의 아름다운 만남과 결혼을 간절히 바라신다. 당신이 속히 탕자처럼 아버지 품으로 돌아오길 학수고대하고 계심을 결코 잊어서는 안 될 것이다.

지금 이 시간 차분히 가슴에 손을 얹고 양심의 세미한 음성을 듣길 바란다. 그 음성 속에서 탄식하시는 주님의 모습을 그려보기 바란다. 언제까지 우아한 탕자이기를 고집해야 할지, 스스로에게 반문해 보기 바란다. 아직도 움켜쥔 것을 놓기 두렵다면 주님의 도우심을 겸허히 청하고, 스스로 가책이 된다면 부끄러워 말고 속히 주님께로 유턴(U Tern)하길 부탁한다.

39

솔로 탈출 10계명

자, 지금부터는 여러분에게 외로운 솔로의 자리에서 벗어나 포근한 듀엣의 자리로 옮겨갈 수 있는 10가지 지침을 제공하려고 한다. 이것을 선뜻 그대들의 것으로 받아들이기 어렵다면 참고 사항 정도로 생각해도 좋으며, 기왕 여기까지 온 거 순종하는 자세로 십계명처럼 엄숙히 받아들이고 실천한다면 반드시 놀라운 축복이 임하리라 믿는다.

1. 심각해지라

지금까지의 솔로의 방식과 달리 심각해지라는 것이다. 만일 여러분 중에 나이가 결혼 적령기를 지나고 독신 은사자가 아님에도 아직 결혼에 뜻이 없거나 무작정 느긋해 있다면 심각히 자신을 돌아볼 것을 권면한다. 이는 결혼에 가장 큰 암적 존재이기 때문이다. 한 국가의 흥망성쇠도 바로 이러한 방심과 안일과 무방비에 기인할진대, 한 개인의 성공과 실패야 더 말해 뭐하겠는가.

만일 여러분이 아직도 자신의 문제의 심각성을 깨우치지 못한 채 TV 드라마나 영화, 스포츠 따위에 시간과 정신을 빼앗긴 채 히죽거리고만 있다면 여러분은 얼른 정신 차리고 심각하게 자신을 성찰해야만 한다. 아무리 중요한 프로젝트나 학업, 심지어 부모 봉양조차 여러분의 결혼 문제보다 우선순위에 두어서는 결코 안 된다는 말이다. 이러한 경고를 건성으로 듣는다면 훗날 지금보다 더 쓰라린 후회의 눈물을 흘릴지도 모른다. 더 늦기 전에 심각해지고, 자신의 결혼 문제를 고뇌하라. 이제 더 이상 여유 있는 척하며 교만 떨지 말고 문제의 본질을 회피하지도 말고 심각하고 진지하게 자신들의 진로를 고뇌하라. 그러면 반드시 새 길이 열릴 것이다.

2. 무릎을 꿇어라

만일 아직도 주님 앞에 오만한 태도로 스스로를 과대시하거나, 세상 모든 이성(異性)을 발아래로 굽어보며 경멸의 태도와 배척의 몸짓으로 거부하고 있다면 얼른 회개하고 무릎 꿇기 바란다. 이는 대단히 위험한 교만의 죄이며, 하나님 앞과 사람에게 결코 인정받을 수 없는 오만방자한 태도이기 때문이다. 마치 결혼 안 한 것을 무슨 훈장이라도 받은 양 목청 돋워 떠들고 자랑하는 이가 있다면, 그가 페미니스트이든 남성 우월주의자든 동성애자이든 자연의 순리를 거스르는 것이다. 그리고 하나님 앞에 큰 죄를 짓는 것임을 명심해야 할 것이다.

만일 미혼 크리스천(초혼자와 재혼자를 불문하고) 중에 이러한 이론과 주장에 오염되고 길들여진 이가 있다면 속히 그 궤휼과 사술에서 벗어나기 바란다. 그 길은 결코 생명의 길도 의의 길도 헌신의 길도 아니기 때문이다. 이제껏 모든 잘못을 솔직히 인정하고 주님 앞에 겸손히 무릎 꿇을 때에만 여러분 각자의 결혼 문제가 풀린다는 사실을 깨닫기 바란다.

3. 거울과 대면(對面)하라

솔로 탈출 세 번째 계명은 거울과 대면(對面)하라는 것이다. 만일 형제자매들 중에 아직도 스스로에게 부정직하고 기만스런 태도를 취하거나 주위 사람들 앞에서 불필요한 연기(演技)를 하고 있다면, 지금 이 시간부터 그 거짓된 가면(假面)을 벗고 자신에게 솔직해지기를 권면한다. 이는 결코 우리 앞에 놓인 문제를 해결 받으려는 진지한 태도가 아니며, 결혼 문제 해결책도 아니다.

거울과 대면하라는 것은 스스로의 양심과 마주치라는 뜻이며, 하나님의 불꽃같은 눈동자 앞에 스스로를 적나라하게 드러내라는 뜻이기도 하다. 정말 자기 가슴에 손을 얹고 스스로에게 반문해 보기 바란다. 정말 내가 결혼하고 싶은 것인지 안 하고 싶은 것인지를 말이다. 만일 결혼하고 싶지 않다면 그 이유가 대체 무엇인지 그 해답도 찾아 보기 바란다.

그러나 그와 반대로 간절히 결혼을 하고는 싶은데 길이 안 열릴 경우가 있을 수 있다. 그럴 경우라 해도 그 간절함이 어느 정도인지를 냉철히 가늠해 보아야 한다. 단지 입술로만 "주여! 주여!" 원하는 정도라면 결혼 문이 그리 쉽사리 열리지는 않을 것이다. 결혼 문제 미해결의 근본 원인이 타인에게서 찾아질 문제인지, 아니면 내 스스로에게서 찾아질 문제인지를 정확히 분별해 내야 한다. 그럴 때만이 하나님을 향한 원망과 서운한 감정마저 극복될 수 있으며, 스스로 실마리를 찾아 고쳐

나가는 가운데 결혼 문제를 근본적으로 해결 받을 수 있다.

4. 세안(世眼)을 감고 영안(靈眼)을 열어라

만일 그대들 중에 아직도 세안, 즉 세상적인 안목만으로 결혼을 꿈꾸고 배우자감을 고르고 있다면 심각히 스스로를 성찰하기 바란다. 정말 내가 원하는 배우자감이 미모의 멋진 영화 배우와 같은 사람인지, 글래머나 근육질 몸매의 소유자인지, 최고 학벌과 명문 가문의 자제인지, 고액 연봉의 직장이나 전문직 또는 인기 직종의 종사자인지를 꼼꼼히 살펴보라는 것이다.

만일 당신이 아직도 그렇게 헛된 세상 욕심과 배우자 기준으로 결혼 문제를 풀려고 한다면, 당신은 아직 거듭나지 못한 크리스천일지도 모른다. 만일 거듭났다 해도 여전히 세상 욕심이 가득한 양다리 걸치는 신자에 불과할지도 모른다. 재물과 하나님을 겸하여 섬길 수는 없다(마 6:24; 눅 16:13). 하나님의 자녀들은 마땅히 세상 기준을 버리고 하나님 나라의 기준에 합당한 삶을 살고 그 길로 나가야만 한다.

그런데 안타깝게도 오늘날 많은 크리스천들이 세상에서도 영광을 받으려고 하고 하나님 나라에서도 영광을 받으려는 이솝 우화에 나오는 어리석은 까치와 같은 삶을 살아간다. 다른 새들의 깃털을 제 몸에 꽂고 가장 아름다운 새가 되어 새들의 임금이 되려다가 오히려 부끄러움을 당한 까치의 이야기는 우리 크리스천들의 정체성을 새삼 되돌아보게 한다. 만일 크리스천들이 어리석은 까치처럼 제 본분을 잃고 세상에서도 영광을 얻으려고 애쓴다면, 이 세상의 새들이 일제히 달려들어 제 깃털을 뽑아가 그 까치를 본래의 모습대로 시커멓고 볼품없는 까치로 되돌려 줄지도 모른다.

그러한 부끄러움을 당하기 전 크리스천들은 마땅히 크리스천다운 기품을 잃지 말고 세상 사람과 구별된 삶을 살아가야 한다. 세상 사람과 똑같은 배우자 기준을 고집하며 그런 사람과만 결혼하겠다고 결혼을 늦추거나 거부하는 것은 결코 신앙적 태도도 주님의 뜻도 아님을 명심해야 할 것이다. 우리는 속히 어리석은 환상에서 깨어나야 하며, 그 환상을 깨뜨리고 객관적으로 자신을 분석해야 한다. 그리고 자신의 소속이 어디인가를 분명히 자각해야 한다. 크리스천으로서 마땅히 버려야 할 세상 가치관과 기준은 과감히 내려놓아야 하며, 마땅히 포기하지 말아야 할 하나님 나라 가치관과 신앙적 기준은 절대 타협하거나 포기해서는 안 된다.

우리는 배우자를 고를 때에도 마땅히 세안(世眼)을 감고 영안(靈眼)을 열어 내게 가장 어울리는 주님께서 '예비하신 배우자'를 골라야 할 줄 안다.

> 네 보물 있는 그 곳에는 네 마음도 있느니라 눈은 몸의 등불이니 그러므로 네 눈이 성하면 온 몸이 밝을 것이요 눈이 나쁘면 온 몸이 어두울 것이니 그러므로 네게 있는 빛이 어두우면 그 어두움이 얼마나 하겠느뇨(마 6:21-23).

5. 집중하라

집중하라는 것은 두 가지 의미가 있다. 하나는 다른 어떤 중요한 일보다 결혼 문제에 집중하라는 뜻이다. 또 하나는 여러 가능성을 열어놓고 무작정 시간을 흘려 보내지 말고 한 가지 가능성으로 집중해 매듭을 지으라는 것이다.

만일 그대들 중에 결혼을 제쳐두고 전념하거나 몰입해 있는 일이 있다면, 속히 그 상태에서 벗어나라는 것이다. 필자는 결혼을 소홀히 여기다가 뒤늦게 쓰라린 후회의 눈물을 흘리는 미혼 청년들을 너무나 많이 보아 왔다. 그들과 상담하면서 가장 안타까웠던 것은 왜 이제야 뒤늦게 결혼에 대해 심각하게 생각할 수밖에 없었느냐는 것이다. 그들이 좀 더 일찍 결혼 문제의 중요성에 눈을 뜨고, 결혼을 차근차근 준비하여 나이가 이토록 들기 전에 결혼했다면 얼마나 좋았을까 하는 생각이다. 그들이 아무리 중요하게 여겼던 목표와 업적이라 할지라도, 막상 나이가 들어 결혼 문제가 안 풀릴 경우에는 그 성취(成就)조차 대단치도 않고 그다지 가치 있게 느껴지지 않는다는 고백을 그들의 입을 통해 직접 들었기 때문이다.

또한 만일 그대들 중에 여러 명의 배우자감을 놓고 저울질하는 이가 있다면, 속히 그 저울질을 멈추고 한 사람에게만 집중하길 권면한다. 계속 많은 가능성만을 고집할 경우, 정작 그 사람에게 쥐어지는 결과물은 없다. 미혼 청년들 중에 이처럼 여러 가능성을 좇다가 모두 놓치고 뒤늦게 후회하는 형제자매들을 종종 보아 왔다. 그들은 자신의 기약 없는 저울질이 상대방을 지치게 하고, 종국에는 제 발등까지 찍는 불행하고 비극적인 결과로 귀결된다는 사실을 모르고 미련하고 어리석게 행동했던 것이다. 그러니 더 늦기 전에 잡다한 가능성을 정리하고 한 사람에게만 집중하길 간곡히 권면한다.

6. 허둥대지 말라

혼기를 놓쳤거나 결혼이 늦어졌다고 생각하는 많은 미혼 청년들과 상담하다 보면 그들이 지나치게 초조해 있고 결혼을 너무 서두르려는 경향을 보인다. 이제껏 방학 내내 숙제를 하지 않거나 시험 때가 다가오도록 빈둥거리다가 방학 숙제와 시험 공부를 벼락치기로 해 버리는 사례처럼, 결혼도 그렇게 해치우려는 위험한 경향을 요즘 미혼 청년들에게서 많이 발견한다. 그렇지만 이는 대단히 위험한 결과를 초래하는 잘못된 방법임을 깨달아야 한다. 시험이야 한두 번 못 볼 수 있고 방학 숙제야 못 낼 수도 대충 끝낼 수도 있지만, 결혼을 그렇게 해 버리면 일평생 두고두고 후회하며 피눈물을 흘릴 수 있기에 조심 또 조심해야 한다.

결혼은 그 어떤 시험보다 잘 준비하고 치러야 하는 일생 최대의 대사(大事)이다. 많은 사람들이 이 사실을 모르거나 소홀히 여기다가 뒤늦게 뼈아픈 탄식과 후회의 눈물을 흘리는 것을 볼 때, 결혼 전 아무리 급하더라도 절대 주위에서 서두르도록 부추기거나 스스로 서두름의 덫에 걸려서는 안 된다. 교통 체증이 아무리 심하다 한들 승용차를 머리에 이고서 도로 위를 질주할 수야 없는 일 아닌가. 마찬가지로 심리적으로나 나이로 보나 결혼 적령기가 지났다는 조급한 생각에 덜렁덜렁 결혼 문제를 풀려다가는 큰코다친다는 사실을 명심하고 또 명심할 일이다.

7. 구하라

이 말은 크리스천들에게 너무나 익숙해 자칫 진부하게 느껴지기도, 또는 이제껏 그토록 열심히 구했는데 또 뭘 구하라는 거냐며 반발심을 갖는 미혼 크리스천들이 있을지도 모르겠다. 그렇지만 우리가 이 자리에서 다시 한 번 명심해야 할 것은 결혼을 응답받기까지 구하고 또 구해야 한다는 것이다.

이제껏 많은 미혼 청년들과 결혼 상담을 하면서 그들이 크게 낙담해 있거나 지쳐 있는 경우를 종종 보아 왔다. 이처럼 한계 상황에 봉착할 경우 많은 이들이 아예 포기하고 더 이상 간절히 결혼 기도를 하지 않는 것이다. 그렇지만 이는 바람직스럽지 못한 태도이다. 이유 불문하고 결혼 기도에 응답을 받기까지 기도를 쉬어서도 안 되며 중단해서도 안 된다.

주님께서는 우리가 인내의 한계점에 도달할 때까지 묵묵히 지켜보시기만 할 때가 있다. 왜냐하면 그때가 바로 하나님께서 개입하실 때이기 때문이다. 다시 한 번 지친 심령을 일으켜 주님께 간구하여 응답을 체험하는 형제자매들이 되길 간절히 기원한다. 성령님께서 그대들을 반드시 인도하셔서 그토록 버겁고 험난한 결혼의 성문(城門)을 거뜬히 통과시켜 주실 것이다.

8. 찾으라

만일 여러분 중에 이제껏 열심히 결혼 기도한 사람이 있다면 다음 단계로 이행하기를 권면한다. 열심히 기도한 연후에는 사방으로 고개를 돌려 찾아보아야 한다. 기도로만 찾는 것은 한계가 있다. 또 자칫 잘못된 응답의 시행착오를 경험할 수가 있다. 어떤 사람은 그 잘못된 응답을 주님의 응답이라고 맹신하다가 뒤늦게 절망감에 사로잡힌 경우도 있다. 그러기에 이제는 골방에서만 기도하지 말고 골방 문을 열고 나와 부끄러움과 자존심을 주님 앞에 내려놓고 겸손히 자신의 배우자를 찾아나서야 한다. 그것은 결코 부끄러워해야 할 일도, 자존심 상할 일도, 더더구나 믿음 없는 불신앙적 행동도 아니다. 만일 이제껏 골방에서만 기도하다가 하늘에서 자신의 배우자가 뚝 떨어지기를 기도해 온 크리스천이 있다면 그 사람에게 오히려 문제가 있고, 그런 신앙은 맹신적이며 신비주의에 치우친 비신앙적 태도임을 깨달아야만 한다.

두 손바닥이 마주쳐야 소리가 나듯, 결혼은 나 혼자서 일방적으로 응답을 받았다고 다 되는 것이 아니다. 내 배우자가 될 사람도 나와 동일하게 응답을 체험해야만 결혼이 성립된다. 그러기에 골방에서 나 혼자 결혼 기도만 하다가는 정신없이 나이를 먹게 되고, 그 결과 후회의 눈물을 흘릴 수 있다. 아무쪼록 이 글을 읽는 당신의 현명한 판단과 지혜로운 순종의 발걸음을 기대해 본다.

9. 두드리라

만일 그대들 중에 열심히 찾다가 막상 어떤 사람을 소개받아 새로운 만남을 가지려고 할 때 무작정 두려워지거나, 그 자리를 모면하고 싶거나, 차라리 이대로 그냥 있는 것이 낫다는 생각에 움츠리거나 주춤하는 분이 있다면 얼른 생각을 바꾸기 바란다. 관성의 법칙처럼 사람도 오랫동안 한 자리에 그대로 있다 보면 다른 자리로 옮기기가 쉽지 않고, 자신의 생활 패턴을 선뜻 바꾸기가 쉽지 않은 것을 경험한다.

그렇지만 바꿔야 한다. 아무리 힘들고 어렵고 쑥스럽고 부끄러워도 바꿀 것은 과감히 바꿔야 한다. 그래야만 새 길이 열린다. 많은 사람들이 이 문턱에서 주저앉고 예전 생활로 되돌아가는 것을 본다. 예수님을 구주로 영접해도 여전히 과거의 죄악 된 습성이 남아 과거 그 시절 죄악의 자리가 그리워 되돌아가는 어리석은 사람처럼 말이다.

이제껏 오랫동안 홀로 지내온 솔로의 자리가 아무리 익숙하고 편안하고 그리워도 그 자리는 결코 행복한 자리가 아님을 깨닫고 그리로 돌이켜선 절대 안 된다. 만일 그 자리가 편하고 새로운 시도가 두렵다 하여 다시 과거 싱글의 동굴로 숨어버린다면 영영 결혼의 복을 누릴 수 없다. 만일 그렇게 퇴행하거나 구습(舊習)으로 돌이킨다면 이제까지의 모든 노력이 헛수고로 돌아갈 뿐이다.

그러기에 이제는 퇴로(退路)가 막혔다고 생각하고, 앞으로 달려 나가 문을 힘차게 두드려야 한다. 새로운 만남의 가능성에 마음을 활짝 열어젖혀야 하며, 만남을 갖는 것을 두려워해서도 결코 안 되며, 뒤늦게 사람 눈치를 보거나 자존심을 내세워서도 안 된다. 그저 묵묵히 십자가를 지고 골고다를 오르신 주님만 바라보며 결혼이라는 고행(苦行)길로 들어설 각오를 해야 한다. 솔로들에게는 결혼 자체도 부담되고 버겁지만, 그 결혼에 이르는 과정 또한 결코 쉽지 않다. 어떤 면에선 지나치게 어렵고 힘들며 너무 피곤하기도 귀찮기도 버겁기도 부끄럽기도 자존심 상하기도 하는 수고로운 고생길처럼 여겨진다.

그렇지만 그 길은 결코 솔로가 갈 수 없는 축복받은 선택의 길이다. 어둡고 음습하고 공허하고 쓰라린 고독의 자리가 아닌, 쉼과 평안이 깃든 천국과도 같은 안식처로 들어서는 '비아 돌로로사'에 이어진 축복의 통로임을 잊어서는 안 될 것이다.

10. 믿고 따르라

이는 솔로 탈출의 마지막 단계라고 말할 수 있다. 결혼의 문턱까지 다다른 이들 중에 이따금 이 단계에서 포기하거나 주저앉는 경우를 보게 된다. 그 이유야 사람마다 제각각이겠지만, 어쨌든 이 단계에서 주저앉거나 포기하는 것은 어리석은 일이다.

만일 그대들 중에 어떤 사람과 교제가 잘 진전되어 결혼할 생각까지 먹었다면, 이젠 뒤로 물러나거나 돌아서려는 소극적 생각보다 앞으로 전진하려는 적극적 생각을 할 필요가 있다. 결혼식장에 들어서는 그 순간까지 우리들은 갈등하거나 불확실함을 느끼거나 상대방에 대해 백 퍼센트 신뢰가 안 들 수도 있다. 그렇지만 이제껏 만나고 교제하는 가운데 주님으로부터 분명한 말씀과 기도의 응답이 있었다면, 더 이상 주저하지 말고 발걸음을 힘차게 내딛어야만 한다.

하나님께서는 우리들에게 미래의 축복을 현재의 시간에 다 보여 주시지 않는다. 마찬가지로 결혼 이후의 삶에 대해 에덴 동산과도 같은 태초의 복락원의 약속을 주시지도 않는다. 그렇지만 주님을 믿고 따르기만 하면 주님께서 안전히 지켜주시는 가정의 행복을 누릴 수 있다는 약속은 주신다. 그 약속을 믿고 따르느냐 마느냐는 전적으로 우리 자신의 의지와 뜻에 달렸다. 단순히 인간적 판단으로 그것을 결정하기에는 너무나 중차대한 문제기에 우리는 결혼식을 올리는 그날까지, 그리고 결혼한 이후에도 계속 기도해야만 한다.

그러나 그렇다고 해서 끝까지 의심하고 회의하고 주저하고 상대방을 불신하고 솔로의 자리로 회귀하려고 할 경우에는, 하나님께서도 더이상 어떻게 손쓸 도리가 없으시다. 그토록 완강히 저항할 경우, 주님께서는 결코 강제로 결혼시키시지 않기 때문이다.

만일 어떤 사람이 일평생 두고두고 잘못 결혼했다며 슬퍼하고 후회하며 주님을 원망할 경우 주님께서 어떻게 뒷감당하시겠는가. 주님은 결코 그렇게 우리들을 강제로 결혼시키시지도, 억지로 잡아끄시지도 않는다. 우리의 자유의지가 적극 화답하도록 때를 기다리시며 온유한 미소를 머금고 우리들을 축복된 결혼의 자리로 한 걸음씩 인도하신다. 끝내 우리가 그 자애로운 손길을 뿌리치고 주님을 신뢰하지 못하고 믿고 따르기를 거부한다면, 주님은 슬픈 얼굴로 돌아서실 수밖에 없으며 그 모든 결과의 책임은 우리가 마땅히 짊어져야 한다.

형제자매들 중에 단 한 사람도 그렇게 고집스럽고 미련하며 불신앙적인 사람이 없기를 바란다. 그리고 하나님의 복된 인도하심 가운데 오랜 솔로의 자리에서 벗어나 듀엣의 보금자리로 안식하길 간절히 소망한다.

40

교회는 연회당(宴會堂)이어야 하나
연애당(戀愛堂)이어야 하나

오늘날 교회 내의 결혼 문제를 짚어보겠다. 요즘 교회 안을 들여다 보면 결혼에 어려움을 겪는 미혼 청년들이 너무나 많음을 쉽게 목격한다. 작은 교회든 큰 교회든, 결혼 적령기에 놓였거나 결혼 적령기를 지난 만혼자(晩婚者)들이 점점 늘어가고 있다. 이러한 문제의 원인은 어디에서 비롯된 것일까? 필자는 이러한 문제의 원인이 바로 교회(특히 목회자와 제직)의 준비 부족과 무관심에서 비롯된 것이라고 말하고 싶다.

오늘날 우리 사회는 갑작스레 대두된 가정의 위기와 저출산으로 인한 국가의 위기로 어수선하다. 그러나 이혼율 급증과 저출산 문제의 갑작스런 부각은 이미 오래 전에 예고된 것이었음에도 그에 대한 대처가 미비하다. 이것은 당국자들과 언론인, 학자들의 공동 책임을 일깨워 주는 사례에 불과하다고 필자는 생각한다. 왜 미리미리 준비하고 경고를 하지 않고 충분히 대비하지 못했는지 의아스럽고 답답하기까지 하다.

엄연한 '직무 유기'에 해당하기에 관련자는 문책을 받고 책임을 져야 한다는 과격한 의견에 동조하고픈 생각까지 든다.

그런데 눈길을 교회 안으로 돌려보면 더욱 안타깝고 답답한 현상을 목도해 안타깝기 그지없다. 언제부터인지 교회 안에 미혼 청년들 수가 과도히 증가했음에도 이에 대해 심각하게 경고의 나팔을 부는 기독 언론인들도 없었고, 목회자들도 없었다.

오늘날 고요한 침묵 속에서만 들을 수 있는 '예언의 소리'는 수많은 함성과 찬양 소리에 파묻힌 지 이미 오래다. 기도는 많은데 주님의 응답은 더디고, 찬양소리는 드높은데 미혼 청년들의 탄식소리는 높아만 간다. 아직 이러한 외침과 절규에 귀를 막고 있거나 무관심한 목회자는 영적으로 어둡거나 현실에 둔감한 사역자라고 감히 말하고 싶다. 앞으로 몇 년 안에 오늘날 이 사회를 휩쓸고 있는 저출산 위기처럼, 교회 내에선 엄청난 파혼(破婚)과 불혼(不婚)의 위기가 덮쳐올 것을 미리 경고한다.

교회는 과거에 연애당(戀愛堂)이라는 불명예를 극복하기 위해 무던히도 애썼다. 그 결과 오늘날 교회 내에서는 미혼 청년들의 결혼 문제를 준비시켜 주고 도와주는 일에 전문가 집단이 부재한 실정이다. 오히려 목회자들조차 조건만을 보고 배우자를 결정하는 결혼 정보 회사들의 달콤한 유혹과 논리에 넘어가 결혼은 교회 밖에서 신경 쓰는 일로 치부한다. 교회 내에서는 거룩한 하나님의 일에만 집중해야 한다며 봉사와 헌신과 선교에만 초점을 맞추는 사람들이 많다. 그렇다면 그 말이 옳고 사실일까? 우리 주님께서도 그렇게 생각하시고, 그런 사람들의 말에 선뜻 동의하실까?

필자는 전혀 그런 의견에 동의하지 않는다. 오히려 오늘날 무엇보다도 심각한 교회 내 미혼 청년들의 문제에 교회가 발 벗고 나서야 한다고 광야의 세례 요한처럼 외치고 싶다. 오늘날 많은 분들이 교회를 교회당(예배당)과 동의어로 이해하지만, 실제로는 건물이 교회가 아니라 그 안에 모이는 이들이 교회임을 알 만한 분들은 다 안다. 그리고 오늘날 교회당에서 주로 행해지는 일들이 예배와 결혼 예식, 또는 각종 문화 행사임도 잘 알 것이다. 그런데 정작 교회당을 결혼 피로연을 위한 연회당(宴會堂) 정도에 국한시켜 사용한다면 이 얼마나 아까운 낭비이며 주님 보시기에 안타까운 일이겠는가.

필자는 감히 오늘날 한국 교회가 더 이상 교회당을 연회당으로만 사용하지 말고 연애당으로도 사용해야 한다고 외치고 싶다. 더 이상 교회당을 본질에서 벗어난 행사만을 위한 공간으로 사용하는 우를 범해선 안 된다는 것이다.

하나님께서는 이 땅에 가정을 세우시고, 교회를 세우셨다. 건강한 믿음의 가정이 세워져야만 건강한 교회와 성장하는 교회를 기대할 수 있음은 물론이다. 그런데 아직도 교회 내에 결혼과 신앙을 별개로 놓고, 믿음 생활과 결혼 생활을 별개로 놓는 이분법적 사고가 팽배한 현실을 볼 때 저절로 탄식이 나오며 눈물까지 나온다. 이제껏 결혼 문제로 피눈물을 흘리는 많은 미혼 청년들과 결혼 상담을 해 본 경험으로 미루어, 이는 분명 잘못된 것이며 주님께서도 기뻐하시지 않는 일임에 분명하다.

아무리 열심히 신앙 훈련시키고 헌신토록 만들어도 결혼 적령기가 됐는데도 교회 안에만 가둬 놓고 눈물과 탄식의 기도를 올리도록 이성 교제를 억압하고 결혼 준비를 못하도록 이끈다면 하나님과 그 어린 영혼 앞에 죄를 짓는 것이 아니겠는가? 이 얼마나 가슴 아픈 현실이며, 안타까운 모순인가? 속히 믿음의 가정을 이루어 믿음의 자녀를 낳아 저출산이라는 국가 재난의 위기를 해결함은 물론, 나날이 힘을 잃어가는 한국 교회를 부흥시킬 헌신된 가정들을 많이 양산해야 하지 않겠는가?

지금 추세대로 나간다면, 머잖아 한국 교회는 서구 교회처럼 급격히 쇠퇴하고 문을 닫을 지경으로까지 내몰릴지도 모른다. 지금과 같은 틀을 끝까지 고집하며 '독신 은사'를 받지도 않은 미혼 청년들을 마치 독신 은사를 받은 것처럼 은근히 부추기며 싱글로의 헌신을 강요하는 목회자는 올바른 목회자라고 볼 수 없다. 이제는 목회자가 교회 내 미혼 청년들의 결혼 문제에 발 벗고 나서야 한다. 무조건 조건만 보고 짝을 맺어 주는 결혼 정보 사업에 뛰어들라는 말씀이 아니라, 미혼 청년들의 결혼 문제를 사역적 마인드로 풀고 '결혼 세미나'를 통해 해결 방법을 모색하고 비전문성을 극복하여 그들을 실질적으로 돕는 '결혼 사역자'로 거듭나야 한다는 뜻이다. 필자는 이 일을 위해 오랫동안 간절히 기도해 왔으며, 지금도 열심히 이 사역에 매진하고 있다.

필자는 다시 한 번 힘차게 외친다! 교회당은 이제 예배당과 연회당만 되어서는 안 되며, 연애당도 되어야 한다고. 만일 이 상태로 계속 교회당을 연애하지 못하는 금기(禁忌)의 공간으로만 남겨 놓는다면, 머잖아 한국 교회에 텅텅 빈 서구 교회의 엄청난 재앙이 쓰나미처럼 덮쳐 올 것이다.

우리 모두 이 안타깝고 비극적인 현실을 고쳐 달라고 주님께 힘을 모아 기도하자. 한국 교회의 새로운 부흥과 도약은 한국 교회 청년들의 결혼 문제 해결을 통해서 새로운 돌파구가 열릴 수 있음을 믿고 함께 달려가자. 이 글을 읽는 모든 이들에게 주님의 귀한 깨달음과 은혜가 임하기를 기도한다.

.

그래도 난 멋진 결혼을 꿈꾼다